Christof Weiß

SNOWBOARDING
Know-how

Christof Weiß

Snowboarding
Know-how

Zweite, durchgesehene Auflage

Die Deutsche Bibliothek – CIP-Einheitsaufnahme

Snowboarding Know-how

Christof Weiß. 2., durchges. Aufl. – München; Wien; Zürich:
BLV, 1995
    ISBN 3-405-14450-7
NE: Weiß, Christof

Bildnachweis

Alle Fotos Rad Air, außer:
Fire & Ice S. 24/25
Kalak & Böhm S. 10
Level S. 24
North Sails S. 9
Quicksilver S. 8, 13
Raichle S. 23
SWIX S. 26, 27
TÜV-BASiS-Institut S. 21

Demonstratoren
Daniel »Kiwi« Meier
Patrik Hasler
Michael Früh
Reto Lamm
Sabine Wehr

BLV Verlagsgesellschaft mbH
München Wien Zürich
80767 München

© BLV Verlagsgesellschaft mbH, München, 1995

Lithographie: Lanarepro, Lana bei Meran
Satz: Typodata GmbH, München
Druck und Bindung: Freiburger Graphische Betriebe, Freiburg i. Br.

Printed in Germany · ISBN 3-405-14450-7

Vorwort

Nur wenig andere Sportarten erfuhren in den letzten Jahren einen ähnlichen Boom wie das Snowboarden. Immer mehr Menschen sind fasziniert von der Eleganz und Dynamik dieser Sportart. Die Harmonie der Bewegung und das intensive Gleitgefühl verleihen dem Snowboarden einen außergewöhnlichen Erlebnischarakter.

Die Zeiten, als Snowboarder noch belächelt wurden, sind endgültig vorbei. Aus der einstigen Randsportart hat sich ein ernsthafter Sport, bis hin zum internationalen Profisport entwickelt. Snowboarden lebt von der Begeisterung des Menschen für das Gleiten. Schwünge bis zur extremen Schräglage und spektakuläre Sprünge machen diesen Sport zu einer optischen Bereicherung der alpinen Wintersportwelt. Snowboarden im Tiefschnee ist eines der schönsten Gleiterlebnisse des Wintersports. Zu dieser Erkenntnis kommen auch zunehmend Skifahrer, die Snowboarden als eine Alternative entdecken. Der direkte Kontakt mit dem weißen Element und das Spiel mit den Kräften eröffnen dem Snowboarder neue Perspektiven.

Dieses Buch will nicht als Lehrbuch verstanden werden, sondern gibt dem Leser einen Einblick in die Vielfältigkeit dieser wunderbaren Sportart. Die einzelnen Teilgebiete des Snowboardens werden erläutert und beschrieben. Dem Snowboardneuling wird der Einstieg erleichtert, dem Fortgeschrittenen bietet das Buch eine Vielzahl von Tips und Anregungen für neue Manöver. Der Leser erfährt, wo die Schwierigkeiten liegen und wie sie gelöst werden. Der Text bildet in Kombination mit den Bildsequenzen der einzelnen Bewegungsabläufe eine gute Basis für den Lernerfolg. Die Snowboardsprache ist am Ende des Buches in einem kleinen Lexikon aufgeführt, das zum besseren Verständnis der Texte *unbedingt* verwendet werden sollte!

An dieser Stelle bedanke ich mich bei all denen, ohne die dieses Buch nicht möglich gewesen wäre. Zuerst möchte ich Paul Gruber und Harry Gunz vom Rad Air Snowboarding Research & Development für ihre Zusammenarbeit danken. Außerdem danke ich dem Rad Air Team für seine unendliche Geduld und die unerschöpfliche Lust am Snowboarden. Besondere Erwähnung verdient Daniel »Kiwi« Meier, der mit großem Einsatz sämtliche alpinen Schwünge für die Fotoaufnahmen alleine fuhr. Für die Fotoaufnahmen auf Piste, Schanze und in der Halfpipe waren keine geringeren verantwortlich als Reto Lamm, Micky Früh, Patrik Hasler und Sabine Wehr. Ein besonderer Dank richtet sich hier an Micky Früh, der mir mit guten Tips behilflich war. Micky Danke! Verantwortlich für die einmaligen Fotoaufnahmen war Peter Mathis. Schließlich möchte ich mich noch bei den Firmen Fire & Ice, Level, North Sails, Quicksilver, Raichle, Swix beim BASiS Institut der TÜV Product Service GmbH und beim Lehrstuhl für Sporttraumatologie der Technischen Universität München für die freundliche Unterstützung bedanken.

INHALT

5
Vorwort

8
Einleitung
Der Traum vom Gleiten

11
Geschichte
Back to the roots

15
Ausrüstung
For snowboard use only

Board 15
Vorspannung 16
Biegelinie/Härte 16
Taillierung 16
Lauffläche 16
Nose-/Tailform 16

Bindung 19
Plattenbindung 19
Schalen-/Softbindung 19
Sicherheitsbindung 19

Schuhe 23
Hardboot 23
Softboot 23

Outfit 24

Boardpflege 26
Kantenschliff 26
Belagreparatur 27
Belagreinigung 27
Wachsen 27

28
Alpine Fahrtechnik
Get the feeling

Der Weg zum ersten Gleiten 28
Aufwärmen 28
Materialprüfung 28
Einstieg bei Plattenbindung 28
Einstieg bei Schalenbindung 29
Grundbegriffe 29
Erste Übungen 30

Driftschwung 34
Driftschwung bergwärts 35
Basisschwung gedriftet 36
Basisschwung mit Hochentlastung 38
Basisschwung mit Tiefentlastung 40

Geschnittener Schwung 42
Geschnittener Schwung bergwärts 42
Geschnittener Basisschwung 44
Geschnittener Schwung mit Hochentlastung 46
Geschnittener Schwung mit Tiefentlastung 48
Kurzschwingen gedriftet 50
Kurzschwingen geschnitten 50
Jump Turn 51
Vitelli Turn 52
Buckelpistentechnik 52
Tiefbeugetechnik 52
Muldentechnik 53
Tiefschneetechnik 55

Race: Einführung in die Stangentechnik 56
Slalomtechnik mit Kipp-drehen 56
Slalomtechnik mit Hochentlastung 58
Super-G-Fahr-technik 60
Beschleunigungs-drehen 61

63
Freestyle

Tricks für Piste und Schanze

Pistentricks 64
Tailwheelie 64
Laybackslide 65
Noseroll 180° 66
Tailroll 180° 67
Ollie 68

Airs über die Schanze 69
Backscratcher 69
Slob Air 70
Tailgrab 71
Backside Tweak Air 72
Tuck Knee 73
Iguana Backflip 74

76
Halfpipe

Ready for take off

Frontside Airs 78
Frontside Air 79
Crossbone Lean Air 80
Frontside Nosebone 82
Chicken Salad 84

Backside Airs 86
Mute Air 86
Method Air 88
Tai Pan 90
Backside Tailgrab 92

Airs to Fakie 94
Backside Tweak to Fakie 94

Inverts 96
HoHo Plant Backside 98
Andrecht Handplant 98
Miller Flip 100
Elguerial 102

Spin Tricks 104
Frontside 360°
Nosebone 104
Frontside 540°
Leangrab 107

110
Freeriding

Naturerlebnis total – aber nicht zu Lasten der Natur

Die FIS-Verhaltensregeln 114

Wie geht's weiter? 118

Kleines Lexikon 122

Literaturnachweis 126

Einleitung

Der Traum vom Gleiten

Was veranlaßt Tausende, in die Berge zu gehen, um auf dieses Brett zu steigen, das süchtig macht? Das magische Wort heißt »Gleiten«. Ein Blick in die Geschichte zeigt, daß der Mensch schon in frühester Zeit dieser Verlockung nicht widerstehen konnte. Das Abreiten von Wellen war für die Ureinwohner Hawaiis eine unübertroffene Faszination. Aufgrund seiner Ideenvielfalt entdeckte der Mensch immer wieder neue Formen, dieses Gefühl neu zu erleben und zu perfektionieren. Gleiten ist auch eine Form des Lebensgefühls. Der direkte Kontakt zu Wasser, Wind und Schnee vermittelt dem Menschen nicht nur die Gegenwärtigkeit der Naturkräfte, sondern auch ein irreales Gefühl, das sich zwischen Schweben und Sichfallenlassen bewegt.

Eine weitere Faszination für den Menschen ist das Erleben von Geschwindigkeit. Sind es beim Windsurfen die Highspeed-Strecken, beim Wellenreiten die bis zu sieben Meter hohen Tubes oder beim Snowboarden weite Hänge, der Geschwindigkeitsrausch ist immer dabei.

Der enge Bezug des Snowboardens zum Skateboarding ist offensichtlich. Spontanität, Zwanglosigkeit und das ständige Ausprobieren neuer Tricks sind Merkmale beider Sportarten. Snowboarden ist nicht nur ein Mittel der Fortbewegung auf Schnee, sondern wird, es mag übertrieben klingen, zur Lebenseinstellung vieler. Aufgrund seiner Individualität und Vielfältigkeit reicht es natürlich nicht aus, Snowboarden nur anhand anderer Gleitsportarten zu beschreiben. Man unterscheidet beim Snowboarden zwei Hauptbereiche. Der eine wird als alpines Fahren, der andere als Freestyle bezeichnet. Beide Disziplinen erfordern unterschiedliche mentale Einstellungen und physische Voraussetzungen. Dadurch ist es jedem möglich, das Richtige für sich zu finden.

Das alpine Fahren erfordert vom Snowboarder ein hohes Maß an Kondition und Gefühl für die Kante. In keinem anderen Bereich dieser Sportart kommen Fahrdynamik und Geschwindigkeit so zur Geltung. Extreme Kurvenlagen, radikale Manöver, das Ausreizen des Kantengriffs, bis man ganz den Schnee berührt, sind ein ständiger Reiz und vermitteln ein noch nie erlebtes Spiel mit den physikalischen Kräften. Carven auf griffiger Piste, einen frischen Tiefschneehang abreiten und der Kampf mit den Stangen sind Schwerpunkte des Alpinfahrers. Gerade für den snowboardinteressierten Skifahrer ist diese Variante von höchster Bedeutung. Die Umstellung vom Ski aufs Snowboard ist leicht möglich, da der Skifahrer das Gefühl für die Kante und die Geschwindigkeit in den Lernprozeß miteinbringen kann. Snowboarden ist nicht nur etwas für Kids. Gerade beim alpinen Fahren ist ein Beginn in jeder Altersstufe möglich.

Freestyle ist der zweite große Bereich des Snowboardens. Wie beim Skateboarden ist dies die Disziplin der Individualisten. Der Snowboarder muß sich voll und ganz auf sich und sein Board konzentrieren, um auch schwierigste Tricks realisieren zu können. Den wohl größten Reiz für den Freestyler bietet das Fahren in der Half-

pipe. Dabei wird dem Fahrer ein hohes Maß an Koordination und Kondition abverlangt. Anders als beim alpinen Fahren, wo ständiges Trainieren und Wiederholen der Schwungformen bis zur Perfektion für die nötigen Erfolgsmomente sorgen, sind es beim Freestylen neue Tricks und die damit verbundenen Risiken, die eine Herausforderung für den Snow-

boarder darstellen. Die unterschiedliche Charakteristik der beiden Teildisziplinen wird auch im heutigen Profisport deutlich. Ein Training im alpinen Rennlauf ohne Trainer ist heute nahezu unvorstellbar. Spontanität und Zwanglosigkeit äußern sich hingegen im Training des Freestylers. Er kreiert seine Tricks selbst und übt sie mit Gleichgesinnten. Ein Wort zur Mode: Ob bunt, flippig oder eher dezent, jeder so wie er's möchte. Beim Snowboarden darf getragen werden, was gefällt! Doch eines sollte man dabei nicht vergessen: Bekleidung allein macht noch keinen zum Weltmeister! Nun liegt es an jedem Snowboarder selbst, diesen Sport richtig zu präsentieren! Denn wir sind immer noch eine Minderheit in der alpinen Wintersportwelt.

Geschichte

Back to the roots

Das Ganze begann, wie so oft, im Land der unbegrenzten Möglichkeiten. Wellenreiter und Skateboarder erkannten schon anfangs der sechziger Jahre, daß der Winter für ihre Sportart ein Problem darstellte. Nur die Verrücktesten gingen bei Eiseskälte noch in die Brandung und auf die Straßen. Es galt eine Sportart zu finden, die den Bewegungen des Wellenreitens und Skateboardings ähnelte. Mitte der sechziger Jahre war es dann soweit, als in Muskegon, Michigan, Shermann Poppen verzweifelt nach einem Winterspielzeug für seine Kinder suchte. Er schraubte kurzerhand zwei Ski zusammen, dachte jedoch nicht an den Bezug zum Wellenreiten oder Skateboarding. Erst als die Kinder ständig die schräge Fußstellung auf der Planke bevorzugten, dämmerte es ihm. Bald wurden die zusammengenagelten Ski durch ein breiteres Paar Wasserski ersetzt. Der »Snurfer« war entstanden. Reihenweise kaufte Poppen nun gebrauchte Wasserski und tüftelte an Verbesserungen seines Gerätes. Poppen ließ den Produktnamen registrieren und vergab die

Produktionsrechte an einen Bowling-Kugel-Hersteller. 1966/67 wurden die ersten Snurfer verkauft. Die Verkaufsstückzahlen gingen bis in die Hunderttausende. 1968 bekam der damals vierzehnjährige Jake Burton Carpenter eine dieser skurilen Planken in die Hände. Der Junge von der Ostküste nahm an den jährlichen Snurfmeisterschaften in Michigan teil. Carpenter, ein begeisterter Wellenreiter und Skifahrer, erkannte sehr schnell die auftretenden Probleme am Snurfer. Fehlende Fußbefestigungen machten aus dem Snurfer eine wackelige Angelegenheit. Der Gleitgenuß war daher auch immer nur von kurzer Dauer.
Carpenter begann eigene Konstruktionen zu entwickeln. Um eine feste Verbindung zum Board herzustellen, brachte er verstellbare Fußschlaufen auf seinem Board an. Die ersten längeren Abfahrten waren möglich. Selbst waghalsige Manöver über Schanzen scheute man

nicht. In dem anfänglichen Spielzeug sah Jake Burton Carpenter sehr schnell die Entwicklung eines neuen Wintersportgerätes und entschloß sich, 1977 seinen Traum in einer eigenen Firma in Vermont zu verwirklichen. Die erste Serienproduktion verkaufte sich jedoch nur schwer. Trotzdem war sich Carpenter der Tatsache bewußt, daß Snowsurfen eine hervorragende Alternative zum alpinen Skilauf darstellte.
Neben ihm waren jedoch auch andere Personen aktiv, wie z.B. Dimitrije Milovich, ebenfalls ein fanatischer Wellenreiter von der Ostküste. 1969/70 brachte er bereits eine aus Polyester gegossene Planke heraus.
1972 meldete Milovich, jetzt in Utah beheimatet, sein erstes Patent an. Die verwendete Bauweise orientierte sich sehr stark am Bau von Wellenreitboards und hatte nur eine kurze Lebensdauer. 1975 gründete auch er seine eigene Firma und begann Serien-

boards herzustellen. Die sogenannten »Wintersticks« wurden mit ihren V-förmigen Einschnitten im Heck (Schwalbenschwänze), Fiberglaslaminat und P-tex-Laufflache zum ersten technisch höher entwickelten Board. Aufwendige Bauweise und Design verschluckten jedoch unendliche Summen an Firmengeld und machten die Boards mit einem Preis von 225 Dollar zu einem unerschwinglichen Traum vieler. 1984 stand Milovich die endgültige Firmenpleite ins Haus.
Der wohl bekannteste Snowsurfpionier, der damalige Skateboardweltmeister und Star der Szene, war Tom Sims. Er lebte seit 1969 an der Westküste und hatte sich ganz dem Wellenreiten und Skateboarden hingegeben. Zusammen mit Chuck Barfoot begann er Wellenreitboards zu shapen (bauen) und später Skateboarddesigns zu entwerfen. Mitte der siebziger Jahre entwickelte Sims seine ersten Snowboards, die den

Wintersticks von Milovich sehr ähnlich waren. Erst zwei Jahre später ging er zur laminierten Bauweise mit Holzkern über. Im Frühjahr 1981 fand der erste Snowboardwettkampf in Colorado statt. Sims gewann dieses Slalomrennen mit seinen neu ins Board laminierten Stahlkanten.
Wegen der hohen Sicherheitsnormen der amerikanischen Behörden und Versicherungen war Snowsurfen an den amerikanischen Liftanlagen tabu. Was blieb, war der beschwerliche Fußmarsch nach oben, das sogenannte »Hiking«. Es entwickelte sich in dieser Zeit zum Schlüsselwort der Snowsurfer. Der Zusammenhalt untereinander wurde dadurch gefördert und sorgte für eine optimale Identifikation mit dem Sport. Doch der anfängliche Enthusiasmus vieler Snowsurfer, der sich auch in Firmengründungen niederschlug, endete größtenteils in Pleiten. Nur Jake Burton und Tom Sims überlebten die Tiefen des harten Snowsurf-

business. Mit der Entwicklung einer Schalenbindung und der technischen Verfeinerung des Boards wurden die Bedenken der Behörden und Versicherungen beseitigt. Mitte der achtziger Jahre war das heutige Snowboard in seinen Grundzügen entstanden. Dem Siegeszug dieser Sportart stand in den amerikanischen Wintersportgebieten nichts mehr im Wege.

Mit der Skateboardwelle, die nach Europa überschwappte, begann das Interesse für den neuen Gleitsport auch hier zu wachsen. Eine Person leistete dabei außergewöhnliche Entwicklungsarbeit; der damalige Schweizer Meister im Skateboarden, José Fernandez. Er war der erste Europäer, der ein Snowboardrennen gegen die amerikanischen Snowboardprofis in Calgary bestritt.

Erste Snowboardwettbewerbe entstanden nun auch in Europa, die Fernandez gewinnen konnte. Er verwendete dabei eine umgebaute Skitouren-

bindung und setzte damit neue Maßstäbe, die die Entwicklung des Snowboardings in Europa anders als in den Staaten beeinflussen sollte.

Die Begeisterung für den neuen Sport steigt bei uns langsam aber unaufhaltsam. 1986 findet das erste Snowboardcamp in Livigno statt. Wettbewerbe und Trainingscamps werden im ganzen Alpenraum organisiert.

1987 finden in Livigno und St. Moritz die ersten Weltmeisterschaften in Europa statt. Snowboarden rückt erstmals auch ins Rampenlicht von Medien und Werbung. 1987 wird die International Snowboard Association (ISA), mit dem Ziel, den Snowboardsport international zu organisieren, ins Leben gerufen. Daraufhin werden erste nationale Snowboardverbände gegründet. Lehrkonzepte entstehen, und die Ausbildung von Snowboardlehrern beginnt. Ende der achtziger Jahre entsteht ein vollorganisierter Profisport mit gesponserten Teams. Anders als

in Amerika, wo sich die treibenden Kräfte des Snowboardings hauptsächlich in der Surf- und Skateboardszene bewegen, findet sich in Europa, parallel zur Skateboardszene, eine ganz neue Gruppe von Snowboardern zusammen, die das sogenannte »Eurocarving« entwickelt. Es handelt sich hierbei um den extremen alpinen Fahrstil, der sich durch den großen Materialfortschritt entwickeln konnte. Fahrer aus diesem Kreis sind häufig gute Ex-Skiläufer, die im Snowboarden eine neue Herausforderung entdecken und die Eindrücke des alpinen Skifahrens, wie z.B. Geschwindigkeit, eisige Piste, extremer Kanteneinsatz und Stangenfahren aus einer neuen Perspektive erleben möchten. In diesem Bereich wird meist mit einer Plattenbindung gefahren, die eine optimale Kraftübertragung gewährleistet. Wie bereits erwähnt, wurde die Entwicklung des Freestylebereichs von den Surf- und Skateboardprofis aus

Amerika bestimmt. Viele von ihnen wechselten in das Lager der Snowboardfreestyler. Sie übertrugen die Bewegungsabläufe aus ihrer bisherigen Sportart auf das Snowboarden. Ihr bereits perfektes Gefühl für die Tricks sicherte den amerikanischen Pros (Profis) von Anfang an eine Vormachtstellung in den Freestylewettbewerben.

Der Wettkampfsektor umfaßt heute drei Hauptdisziplinen. Neben den spannenden Parallelslalom- und Super-G-Rennen hat sich die Halfpipe zu der wohl spektakulärsten Wettkampfdisziplin entwickelt. Doch die rasche Ausreifung von Fahrtechnik und Tricks wäre wohl ohne die sprunghafte Entwicklung von High-Tech-Boards nur teilweise möglich gewesen.

Board

Die Entwicklung der heutigen Snowboards ermöglicht es den Herstellern, ähnlich den Skifirmen, für jeden Einsatzbereich das richtige Board anzubieten. Dies hat für den Snowboardinteressierten eine nahezu erschlagende Produktvielfalt zur Folge, der gerade Anfänger ratlos gegenüberstehen. Snowboards lassen sich in drei Hauptgruppen unterteilen:

○ Allroundboards

○ Alpin-/Raceboards

○ Freestyleboards.

Ausrüstung

For snowboard use only!

Zu einer weiteren (oder vierten) Hauptgruppe entwickeln sich derzeit die sogenannten Freeridingboards. Diese Boards sind mit einer Länge bis zu 180 cm und einer breiteren Auflagefläche speziell für den Tiefschnee konzipiert.

Es haben sich drei verschiedene Bauarten durchgesetzt:
○ Geschäumte Bauweise (Injektionsbauweise)
○ Compound Bauweise
○ Sandwichbauweise mit Holzkern.

Mit der geschäumten Bauweise ist es den Herstellern möglich, preisgünstige Boards anzubieten. Der Schaum wird mit hohem Druck in eine Form gepreßt und gleichzeitig übrige Bauteile fest miteingeschäumt.

Die zweite Bauart ist die Compound-Bauweise, bei der ein verleimter Holzkern mit Schaum umgeben wird. Problem bei dieser Bauart ist das Fixieren des Holzkerns beim Schäumvorgang. Wird das Verfahren jedoch beherrscht, werden ähnliche Eigenschaften wie bei einem laminierten Board erreicht.

Am aufwendigsten ist die laminierte Sand-

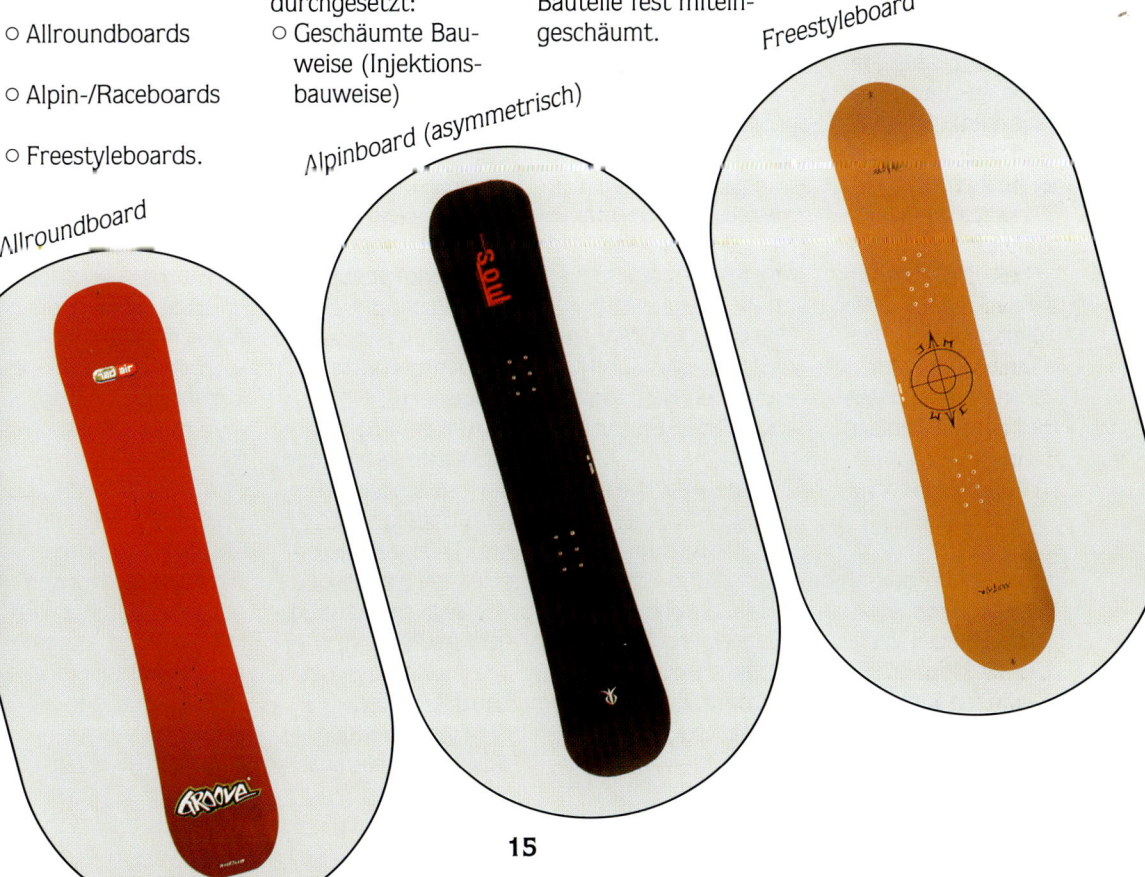

Allroundboard

Alpinboard (asymmetrisch)

Freestyleboard

wichbauweise. Bei diesem Verfahren werden sämtliche Bauteile mit einer Harzbasis beschichtet und unter hohem Druck bei einer vorgegebenen Temperatur zusammengepreßt. Diese Produkte sind von ihrer Langlebigkeit und ihrer Qualität unübertroffen. Dies macht sich jedoch auch im hohen Preis bemerkbar. Zusätzliche Baumerkmale, die das Board qualitativ hochwertig machen, sind:

○ Exakt eingelassene, gummigelagerte Stahlkanten
○ einlaminierter Stoßschutz im Nose- und Tailbereich
○ sauber verschliffene Laufflächen und saubere Verarbeitung der Seitenwangen
○ Anti-Rutsch-Pad aus Gummi im Zwischenbindungsbereich für problemloses Schleppliftfahren (unbedingt erforderlich!).

Zur Bindungsmontage werden von den Herstellern zwei Verfahren angeboten:
○ Die Bindung wird in Messinginserts eingeschraubt, die jeweils in den Boards eingelassen sind.
○ Die Bindung wird mit speziellen Schrauben in einer Titanalverstärkung im Bindungsbereich des Snowboards verschraubt.

Folgende Konstruktionsmerkmale sind für die Fahreigenschaften eines Boards von Bedeutung:

Vorspannung

Wie der Ski, so ist auch das Snowboard im Bindungsbereich leicht aufgebogen. D.h., die Kanten greifen erst durch den Druck des Fahrers. Eine hohe Vorspannung sorgt für guten Eisgriff, wirkt sich jedoch nachteilig auf die Drehfreudigkeit aus. Wenig Vorspannung hingegen verbessert die Drehfreudigkeit, verschlechtert aber den Kantengriff auf harter Piste.

Biegelinie/Härte

Biegelinie bzw. Elastizitätsverteilung beim Board und Boardhärte wirken sich auf die Fahreigenschaften unterschiedlich aus. Ein mittelhartes Board bietet Eisgriffigkeit und hohe Laufruhe.

Härtere Boards weisen eine höhere Torsions- bzw. Verwindungssteifigkeit auf, was einen besseren Eisgriff zur Folge hat. Ein im Schaufelbereich weiches bzw. durchgehend weiches Board zeichnet sich durch eine erhöhte Drehfreudigkeit aus, geht jedoch auf Kosten von Laufruhe und Kantengriff.

Taillierung

Die Strecke zwischen der breitesten Stelle von Nose und Tail bzw. die maximale Tiefe der Taillierung sind ausschlaggebend für ihre Stärke. Je taillierter ein Board ist, desto besser ist seine Kurvenführung und die Reaktion auf kleinste Bewegungsänderungen.

Effektive Kantenlänge

Darunter wird der Teil der Kante verstanden, der tatsächlich auf dem Untergrund greift. Eine längere effektive Kantenlänge bewirkt eine hohe Eisgriffigkeit.

Lauffläche

Die Lauffläche der Boards besteht aus einem Polyäthylen-Belag. Man unterscheidet die preisgünstigen extrodierten Beläge mit geringer Wachskapazität, die gesinterten bzw. doppelt gesinterten Beläge mit einem sehr großen Temperaturbereich für unterschiedliche Schneearten und einer großen Wachsaufnahmefähigkeit. Die Graphitbeläge schließlich besitzen sehr gute Gleiteigenschaften, sind jedoch weicher und damit empfindlicher. Mit Ausnahme einiger Freestyleboards, die eine leicht konvexe Lauffläche aufweisen, haben alle Boards eine plane Lauffläche.

Nose-/Tailform

Die Formen von Nose und Tail werden wieder vom jeweiligen Einsatzbereich des Boards bestimmt. Noseformen mit relativ großem Schaufelradius sind für Allround- und Freestyleboards gedacht. Die alpinen Raceboards dagegen haben eine kurze, flache Schaufel, um eine möglichst hohe effektive Kantenlänge zu erreichen. Abgesehen von speziellen Tail-

formen der Freestyle-
boards, haben sich auf
dem Allround-/Free-
stylebereich zwei Ver-
sionen durchgesetzt:
○ Das Squaretail
  (gerades Heck) mit
  gutem Kantengriff
  in der Kurve
○ das rounded Squa-
  retail (abgerundetes
  Tail und Tailkick) mit
  fehlerverzeihenden
  Fahreigenschaften.

Daneben gibt es noch
das sog. Swallowtail
mit seinem Einschnitt
im Heck. Es wird aus-
schließlich zum Tief-
schneefahren ver-
wendet.
Eine Sonderstellung
im Boardbau nehmen
die sog. asymmetri-
schen Boards ein. Mit
dieser Bauweise sollen
die bei symmetrischen
Boards auftretenden
unterschiedlichen
Druckpunkte auf
Front- und Backside-
kante ausgeglichen
werden. Anfänglich
für den Rennsport
gedacht haben sich die
Asys zu den meist
gefragten Alpinboards
entwickelt.
Man unterscheidet bei
den Asys drei ver-
schiedene Bauweisen:
Die einfachste und
zugleich preiswerteste
Lösung ist ein Board

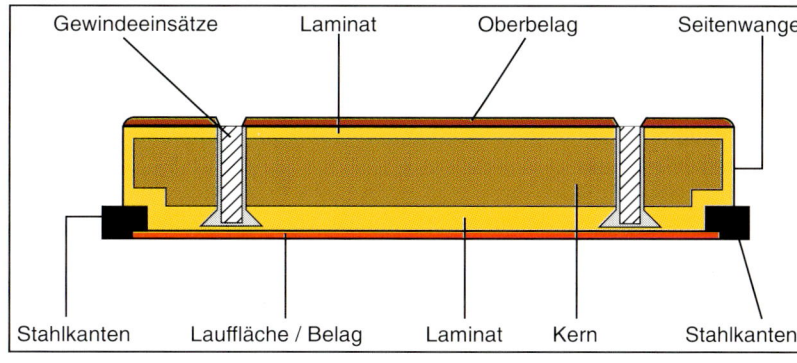

Boardquerschnitt, je nach Bauart mit unterschiedlichen Materialien

Drauf- und Seitenansicht eines Snowboards

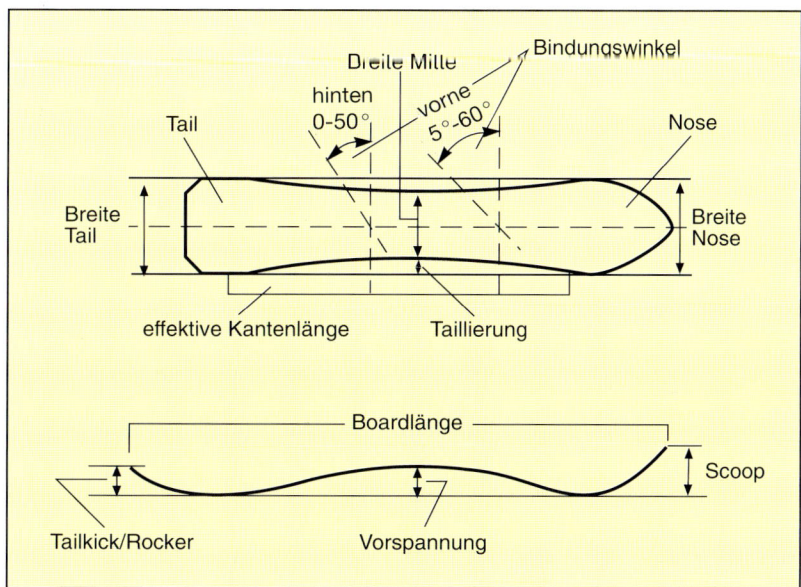

mit symmetrischer Schaufel und einer längeren, taillierten Backsidekante. Der hiermit verbundene Nachteil zweier unterschiedlicher Kantenlängen wird durch eine weitere Bauart aufgehoben. Dies geschieht durch das Verschieben der Backsidekante bis zu max. acht Zentimetern und dem gleichzeitigen Einsetzen eines geraden Zwischenstücks. Die beste Lösung des Problems stellt jedoch eine komplette Verschiebung des Boards in Längsrichtung mit schräger Schaufel dar. Durch diese Konstruktion steht der Fahrer mit der Ferse (Back-side) und den Zehenspitzen (Frontside) zentral auf der effektiven Kante. Eine fast gleiche Druckverteilung auf Front- und Backsidekante wird so erreicht.

Die Wahl eines Boards hängt jedoch nicht nur vom Einsatzbereich ab. Körpergröße und Gewicht sind zusätzliche Auswahlkriterien für ein Board. Schwergewichtige Fahrer sollten beispielsweise längere und härtere Boards bevorzugen.

Der Kauf eines Boards richtet sich nach:
○ Fahrkönnen
○ Einsatzbereich
○ Körpergewicht
○ Körpergröße.

Zielgruppe	Boardeigenschaften	Einsatzbereich	Fahrkönnen
Allroundboards für Anfänger	Länge: 150–165 cm, weich bis mittelhart, mittlere Taillierung, wenig Vorspannung, Tailkick und großer Schaufelradius	Sowohl Alpin als auch Freestyle, flache, gut präparierte Pisten, bei geringer Geschwindigkeit	Niedriges Fahrkönnen ohne technische Voraussetzungen
Allroundboards für Fortgeschrittene/ Freeridingboards	Länge: 155–165/–180 cm, mittelhart, mittlere bis starke Taillierung, mittlere Vorspannung, wenig Tailkick und mittlerer Schaufelradius; evtl. asymmetrische Bauweise	Allroundalpin-orientiert oder allroundfreestyle-orientiert, alle Schnee- und Pistenverhältnisse bei mittlerer bis hoher Geschwindigkeit	Fortgeschrittenes Fahrkönnen: Beherrschen der Driftschwungformen, des geschnittenen Basisschwungs und leichter Freestyletricks
Freestyle-/ Halfpipeboards	Länge: 140–160 cm, weich bis mittelhart, schwache Taillierung, geringe Vorspannung, starker Nose-/Tailkick, großer Schaufelradius und breites Tail, kurze effektive Kante 80–120 cm	Halfpipe, Buckelpiste, Freeriding, mittleres bis steiles Gelände, alle Schnee- und Pistenverhältnisse bei geringer bis hoher Geschwindigkeit	Kompromißloses Fahren in der Halfpipe, sicheres Beherrschen schwierigster Tricks unter allen äußeren Bedingungen
Alpin-/Raceboards	Länge: 155–170 cm, schmale Bauweise, mittelhart bis hart, starke Taillierung, mittlere bis starke Vorspannung, kleiner Schaufelradius, lange effektive Kante 130–155 cm, asymmetrische Bauweise	Eisige Piste, Buckelpiste, Slalom, mittleres bis steiles Gelände, mittlere bis sehr hohe Geschwindigkeit	Hohes Fahrkönnen: Sicheres Beherrschen sämtlicher gedrifteten und geschnittenen Schwungformen mit schnell variierten Kurvenradien, Fahren in unterschiedlichsten Schneebedingungen

Bindung

Die Wahl einer geeigneten Bindung ist wesentlich einfacher als der Kauf des Boards. Dem Snowboarder stehen dabei zwei verschiedene Bindungssysteme zur Verfügung:

Plattenbindung

Bei der Plattenbindung handelt es sich um eine größenverstellbare Bindung, die mit speziellen Snowboardhartschalenschuhen gefahren werden sollte. Der Einstieg erfolgt bei den meisten Bindungen über einen Frontverschluß, der den Stiefel auf der Bindung fixiert. Aufgrund der relativ geringen Beweglichkeit im Beinbereich werden unter der hinteren Bindung sog. Canting-Keile angebracht. Sie ermöglichen dem hinteren Bein eine anatomisch günstigere Position. Mit dieser Bindung wird eine optimale Kraftübertragung auf das Board erreicht. Dieser Bindungstyp wird hauptsächlich beim alpinen Fahren verwendet.

Schalen-/Softbindung

Die Schalenbindung wird vorwiegend im Freestyle-/Halfpipebereich eingesetzt. Die Schalenbindung wird mit einem Softboot gefahren und verleiht dem Fahrer eine hohe Beweglichkeit auf seinem Board. Zur Fixierung der Stiefel dienen zwei bis drei verstellbare Schnallen, die eine gleichmäßige Druckverteilung gewährleisten. Polsterungen im Schnallen- und Spoilerbereich sorgen für einen angenehmen Sitz der Bindung. Die Vorlage wird über den Spoiler eingestellt. Die hohe Beweglichkeit der Schalenbindung ermöglicht es dem Fahrer, ein ausgesprochenes Surffeeling im Powder zu erleben.

Sicherheitsbindung

Das Thema Sicherheit gewinnt auch beim Snowboarden immer mehr an Bedeutung. Die meisten Stürze mit unangenehmen Folgen ereignen sich auf harten eisigen Pisten. Am häufigsten sind Drehstürze durch Verkanten und Verdrehen des Boards –

Einsatzbereich	Bindungswinkel	
	vorne	hinten
Allroundboards	40°–45°	35°–40°
Freestyle-/Halfpipeboards	5°–35°	0°–10°
Alpin./Raceboards	45°–60°	40°–50°

Prellungen und Zerrungen sind meistens die Folge. Bei der Verletzungslokalisation stehen Knieverletzungen an erster Stelle, gefolgt von Verletzungen im Sprunggelenk-, Handgelenk-, Fingerbereich sowie Schulter und Kopf. Beim Snowboarden mit Skistiefeln treten größtenteils Verletzungen im Kniebereich (!) auf. Hierbei handelt es sich um schwerere Verletzungen an Bändern und Menisken oder Kombinationsverletzungen. Beim Tragen von Softboots oder Snowboardhartschalenschuhen verlagert sich der Verletzungsbereich zum Sprunggelenk hin. Außenbandzerrungen und komplette Bandrisse sind die häufigsten Verletzungen, die aber in der Regel einfacher zu behandeln sind und schneller ausheilen. Während sich Anfänger hauptsächlich Verletzungen an Knie- und Sprungelenk zuziehen, sind es beim Fortgeschrittenen vorwiegend Verletzungen im Hand-, Arm- und Schulterbereich. Das Hauptaugenmerk der Sicherheitsexperten richtet sich beim Snowboarden auf die Verbindung zwischen Schuh und Board. Geteilte Meinungen herrschen allerdings

Körpergröße / cm	Bindungsabstand / cm
150	38–40
160	39–41
170	40–42
180	41–43
190	42–44
200	44–45

immer noch über die neu entwickelte Sicherheitsbindung. Während sich die Sicherheitsbindung bei Anfängern und Fortgeschrittenen bereits im Einsatz befindet, gibt es bei sehr guten Fahrern und Rennläufern immer noch Bedenken gegenüber dem neuen Bindungssystem. Gerade beim Anfänger und bei etwas älteren Fahrern kann die Sicherheitsbindung als Verletzungsprophylaxe wirksam eingesetzt werden und mögliche Angstbarrieren überwinden helfen. Die wichtigste Forderung der Experten an ein Sicherheitsbindungssystem ist deshalb die multidirektionale (dreidimensionale) Auslösungsmöglichkeit. Eine getrennte Auslösung von vorderer und hinterer Bindung ist sinnvoll, da der versierte Fahrer bei niederen Geschwindigkeiten noch die Möglichkeit hat, einen drohenden Sturz mit dem aus der Bindung freigegebenen Bein abzufangen.
Die Sicherheitsbindungen, die sich derzeit auf dem Markt befin-

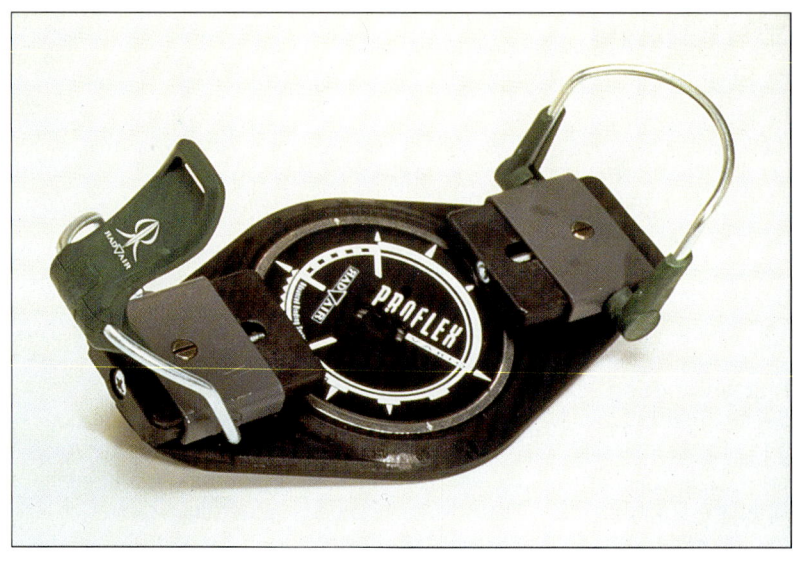

den, erfüllen die oben genannten Forderungen und werden den Ansprüchen des Anfänger- und Fortgeschrittenenbereichs gerecht. Das Snowboarden könnte sich so vom Image einer verletzungsträchtigen Sportart in naher Zukunft befreien.
Sehr gute Fahrer und Rennläufer sind jedoch immer noch sehr reserviert gegenüber dem Sicherheitssystem. Eventuelle Fehlauslösungen bei hoher Geschwindigkeit hätten fatale Folgen. Der Freestylebereich geht beim Thema Sicherheitsbindung gänzlich leer aus, da dort Kräfte

auftreten, die unweigerlich eine Fehlauslösung zur Folge hätten. Eine Sicherheitsbindung für den Freestylebereich wird es daher in absehbarer Zeit nicht geben. Ein weiteres Problem bildet die Fixierung des Boards durch den Fangriemen am Bein. Bei Stürzen mit Auslösung beider Bindungen kommt es bei hohem Tempo zwangsläufig zu Verletzungen. Ein hier sinnvoller Stopper ist leider bis jetzt noch nicht entwickelt.
Das Thema Sicherheitsbindung ist also längst nicht ausdiskutiert. Die Hersteller sind vielmehr dazu

aufgerufen, eine, zumindest im Alpinbereich, optimale Lösung für alle zu finden. Insgesamt gesehen kann beim Snowboarden jedoch unter Beachtung einiger grundlegender Dinge das Verletzungsrisiko gering gehalten werden. Dazu gehören u.a. die Teilnahme an einem Snowboardkurs, gezieltes Vorbereitungstraining sowie die Verwendung von geeignetem Material.

Links:
Plattenbindung

Rechts:
Schalenbindung

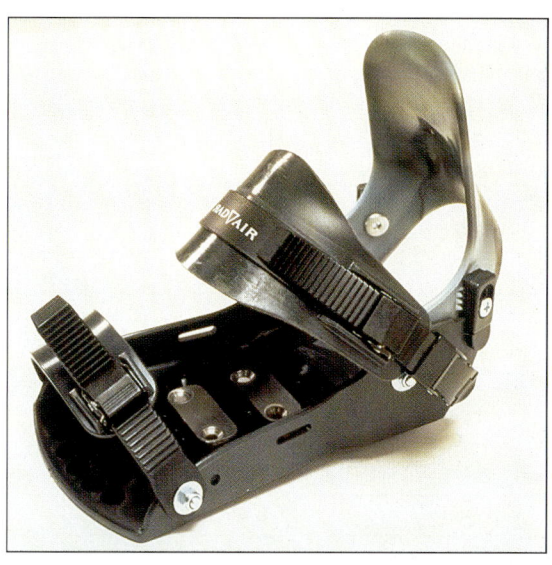

Unten:
Bildschirmdarstellung
der digitalisierten
Bewegung
(3D-Bewegungs-
analyse)

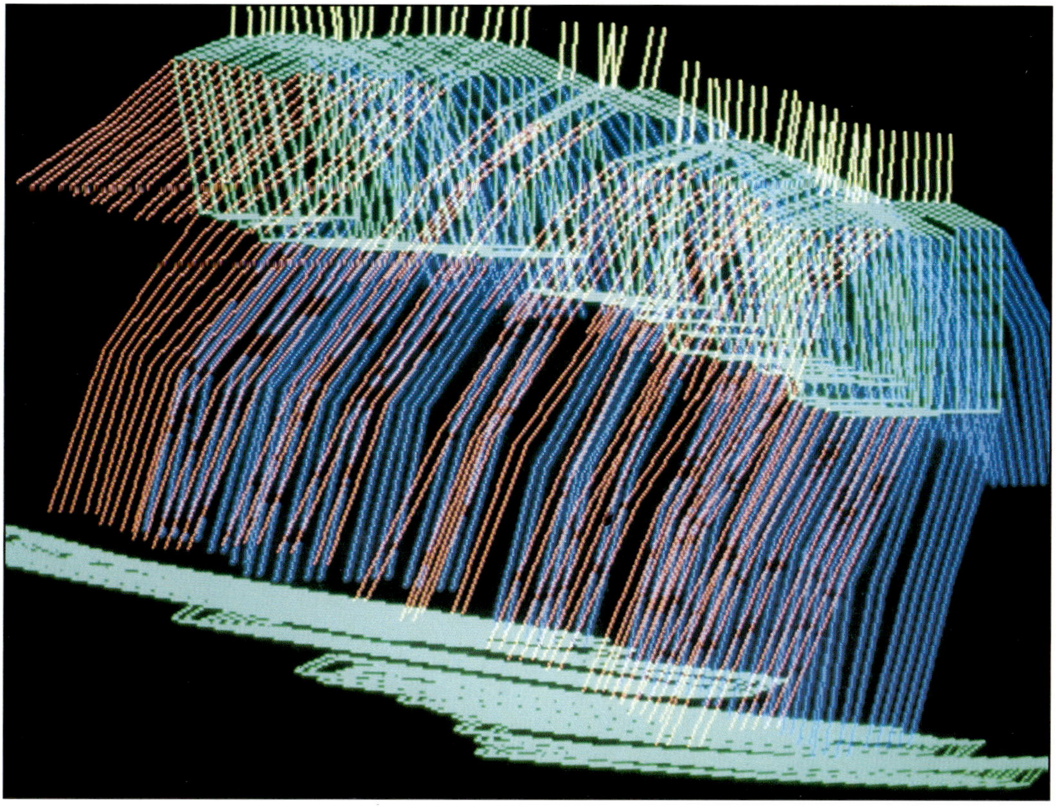

In einer umfangreichen Studie des Lehrstuhls für Sporttraumatologie der Technischen Universität München wurden über Fragebögen Daten ermittelt, die eine genauere Verletzungsstatistik zulassen. Ein Teil der gesammelten Daten gibt in den nachfolgenden Tabellen einen Aufschluß über das zweifellos bestehende Verletzungsrisiko beim Snowboarden.

Anteil der Verletzungsbereiche bei Verwendung einer Schalenbindung in %		Anteil der Verletzungsbereiche bei Verwendung einer Plattenbindung in %	
Handgelenk	18,75	Knie	33,62
Knie	16,67	Handgelenk	12,93
Schulter	10,42	Schulter	8,62
Sprunggelenk	10,42	Sprunggelenk	8,62
Kopf	8,33	Schienbein	5,62
Finger	8,33	Übrige Bereiche	30,59
Wirbelsäule	6,25		
Hüfte	6,25		
Unterarm	6,25		
Übrige Bereiche	8,33		

Die unterschiedlichen Einsatzbereiche der beiden Bindungssysteme (Freestyle/Alpin) müssen bei der Verletzungs-lokalisation in Tabelle 4 mitberücksichtigt werden.

Lokalisierung der Verletzung in %		Verletzungsart in %	
Knochen	37,50	Zerrung	54,95
Band	35,83	Bruch	32,43
Sehne	13,33	Abriß	9,01
Muskel	13,33	Teilriß	3,60

Überlastungsbeschwerden im Vergleich zum Fahrkönnen in %		Verletzungen im Vergleich zum Fahrkönnen in %		Geschwindigkeit beim Sturz/ bei der Verletzung in %	
Fortgeschrittene	53,60	Fortgeschrittene	49,37	mittel	61,65
Könner	28,80	Könner	31,65	langsam	21,80
Anfänger	17,60	Anfänger	18,99	schnell	16,54

45,39% der Befragten erlitten ihre Verletzungen im ersten Snowboardjahr, 26,97% im zweiten, 21,05% im dritten und nur 5,26% im vierten Jahr. Die Schneebeschaffenheit spielt eine weitere wichtige Rolle beim Verletzungsaufkommen.
Ein Großteil der Verletzungen ziehen sich Snowboarder auf eisiger (30,05%) oder griffiger Piste (32,69%) zu.

Schuhe

Für jeden Bindungstyp gibt es das passende Stiefelsystem:

Hardboot

Er wird ausschließlich auf Plattenbindungen gefahren. Er besteht aus einem Innen- und Außenschuh; dadurch wird viel Halt und eine optimale Kraftübertragung gewährleistet. Der Stiefel ist in der Vorlage, im seitlichen Flex und in der Vorlagedämpfung verstellbar. Ein hoher Heckspoiler am Innenschuh bietet zusätzlichen Halt nach hinten. Um ein Überstehen der Schuhe auf den schmalen Alpinboards zu verhindern, sind die Stiefel vorne und hinten an der Sohle abgeschrägt. Von den Herstellern werden Zwei- bis Vierschnallensysteme angeboten. Der Hardboot sollte exakt passen, da nur so ein Fahren ohne Druckstellen möglich ist.

Hardboot

Softboot

Softboot

Er ist der Stiefel für die Schalenbindung. Er gibt den Sprunggelenken die nötige Bewegungsfreiheit, die beim Freestylen erforderlich ist.

Ebenfalls aus einem Innen- und Außenschuh bestehend wird der Softboot jedoch geschnürt und teilweise mit Klettverschlüssen zusätzlich fixiert. Um unnötige Schmerzen zu verhindern, sollte der Softboot über den Heckspoiler der Schalenbindung reichen und im Ristbereich ausreichend gepolstert sein. Wie beim Hardboot ist auch hier eine exakte Paßform unbedingt erforderlich.

Zusätzlich vermittelt dieses Schuhsystem den höchsten Fahrgenuß im Tiefschnee.

23

Outfit

Funktionalität und modische Trends kennzeichnen die Snowboardbekleidung. Ob bunte Fleecepullis im Frühjahr oder modisch weitgeschnittene Blousons und Hosen für eine Powdersession im Winter, Snowboarden hat mit seiner Mode wieder Schwung in den allzu normalen Pistenalltag gebracht. Trotz der großen Auswahl, die den Snowboardbegeisterten von den Herstellern angeboten wird, sollte gerade der durch Nässe ge-

beutelte Anfänger ein Auge auf die Funktionalität seines Outfits werfen. Neben den üblichen Anforderungen wie Atmungsaktivität, Wasserdichte und Windabweisung werden Unterschiede zur heutigen Skibekleidung erst im Detail deutlich. Die Hose sollte Verstärkungen im Knie- und Gesäßbereich haben. Ein weiter Schnitt sorgt für die nötige Bewegungsfreiheit. Um bei Stürzen vor dem Schnee sicher zu sein, empfiehlt sich eine über die Hüften reichende Hose mit hochgezogenem Rückenteil und Trägern. Bei den Jacken bzw. Schneeblousons haben sich solche gut bewährt, die sich unten zuziehen lassen. Ein leidiges Thema beim Snowboarden sind die Handschuhe, da sie gnadenlos dem Verschleiß ausgesetzt sind. Deshalb sollten sie an der Innenhand und den Fingerkuppen extra verstärkt sein. Ein integrierter Handgelenkschutz ist ebenfalls von Vorteil. Für Slalominteressierte empfiehlt sich ein speziell gepolsterter Handschuh oder ein Schlagschutz.

Für den Kopf und die Schienbeine gibt es ebenfalls spezielle Schlagschützer.

Nicht gerade als Bekleidungsstück zu bezeichnen, aber doch von großer Bedeutung, ist eine Sonnenbrille mit hundertprozentigem UV-Schutz. »Heiße« Brillen werden in ausreichender Menge am Markt angeboten.

Nicht nur Design, sondern auch extreme Funktionalität beansprucht der Snowboarder im Outfit.

Board-pflege

Wie fast jeder weiß: Nur mit gut gepflegtem Material wird Gleiten zum Hochgenuß. Somit spielt die Boardpflege eine wichtige Rolle beim Fahrverhalten eines Boards. Nur eine in sich ebene, glatte, saubere und auch gewachste Lauffläche macht das Board optimal gleitfähig und drehbar. Das gleiche gilt für die Kanten. Nur eine scharfe, griffige Kante bietet genügend Führung für das Board. Schon mit wenig Aufwand kann man sein Board optimal präparieren.

Kantenschliff

Vor dem eigentlichen Kantenschleifen sind Verhärtungen und Grate mit einem Schleifstein oder einer Alu-Oxyd-Feile zu entfernen. Mit einem Kantenschärfer werden die belagseitigen Kanten geschliffen, wobei dies hängend in einem Winkel von 0,5 bis 1° geschieht. Der gewünschte Winkel wird am Kantenschärfer eingestellt und die bogenförmigen Rippen der Feile in Zugrichtung aufgelegt. Mit leichtem Druck wird das Gerät langsam und gleichmäßig über die Kante gezogen.

Die Seitenkanten sind entweder im 90°-Winkel oder für einen optimalen Eisgriff 2 bis 3° zu hinterschleifen.

Im nächsten Schritt ist der Winkel am Kantenschärfer einzustellen und die bogenförmigen Rippen der Feile in Zugrichtung aufzulegen. Mit leichtem Druck wird das Gerät gleichmäßig über die Kante gezogen. Um das gefürchtete Verschneiden des Boards zu verhindern, müssen die Kanten nach dem Schleifen entgratet werden. Dazu zieht man einen Kantenfinisher zwei- bis dreimal über die gesamte Kantenlänge.

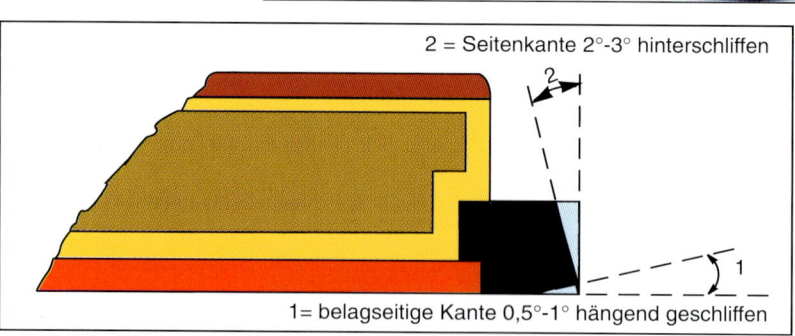

2 = Seitenkante 2°-3° hinterschliffen

1= belagseitige Kante 0,5°-1° hängend geschliffen

Querschnitt eines Kantenschliffs

Belagreparatur

Zur Belagsausbesserung werden sogenannte Repairstrips verwendet. Die Repairstrips werden mit einem Bügeleisen erhitzt und in den vorgewärmten, gesäuberten Kratzer eingepreßt. Nach ausreichender Abkühlung werden überstehende Reste mit einer Karosseriefeile entfernt. Mit

Belagreinigung

Zur Reinigung des Belages wird mit dem Bügeleisen heißes (Reinigungs-) Wachs auf der Lauffläche eingebügelt. Vor dem Erkalten zieht man das Wachs mit einer Plexiglasklinge wieder ab. Chemische Reinigungsmittel als Alternative sind weniger aufwendig, jedoch nicht so belagschonend.

Schnee bilden sich beim Gleiten kleine Wassertröpfchen. Gut gewähltes Wachs gleicht diese Reibung aus, so daß ein optimales Verhältnis zwischen Restreibung und Feuchtigkeit besteht. Schneetemperatur und Schneebeschaffenheit werden ebenfalls berücksichtigt. Zur Wahl des geeigneten Wachses bieten die

oder Wachsgerät aufgetragen und gleichmäßig von der Schaufel bis zum Heck einige Minuten eingebügelt. Achtung! Nicht zu heiß werden lassen (bis ca. 12° C). Nachdem das Wachs mindestens eine Stunde ausgekühlt ist, werden die übrigen Reste mit einer Plexiglasklinge sauber abgezogen. Will man die Gleitleistung seines Boards noch erhöhen, verleiht man dem Belag mit einer Strukturbürste in Längsrichtung von vorne nach hinten eine Struktur. Die Art der

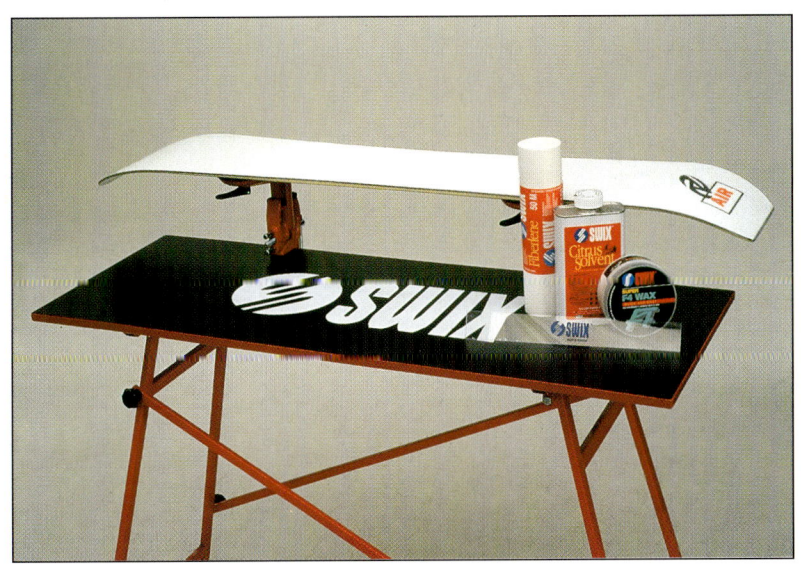

Linke Seite:
Professionelles
Wachsset

Wachstisch mit speziellen Halterungen für das Snowboard.

einem feinen Schleifpapier glättet man die Stelle vollends. Von Zeit zu Zeit empfiehlt sich ein Belagschliff auf einer Steinschleifmaschine. Dies sollte jedoch nur bei Boards mit planer Lauffläche gemacht werden!

Wachsen

Damit Wachsen auch den gewünschten Erfolg bringt, muß zuerst das auf den Schnee angepaßte Wachs ausgewählt werden. Aufgrund der Reibungswärme zwischen Belag und

Hersteller übersichtliche und umfaßende Tabellen an. Prinzipiell wird bei Zimmertemperatur gewachst. Dadurch ist eine optimale Wachsaufnahme des Belags gewährleistet. Das Wachs wird mit einem Bügeleisen

Bürsten richtet sich wiederum nach der Schneebeschaffenheit:
○ Nylon-/Roßhaarbürste bei Pulverschnee
○ Kupferbürste bei Alt-und Naßschnee.
Dem Gleitgenuß steht jetzt nichts mehr im Wege. Let's go!

Der Weg zum ersten Gleiten

Alpine Fahrtechnik

Get the feeling!

Um einen Snowboardtag richtig zu beginnen, sollten sich sowohl Anfänger als auch Könner vor der ersten Fahrt gewissenhaft aufwärmen und dehnen. Ein ein- bis zweimaliges Fitneßtraining pro Woche vor der Saison ist unbedingt ratsam. Leider wird dieses Thema sowohl von Skifahrern als auch von Snowboardern allzuhäufig unter den Tisch gekehrt! Durch Aufwärmen wird das Verletzungsrisiko beim Snowboarden drastisch verringert. Also: Das Board liegen lassen und erst aufwärmen. Das Gleitfeeling gibt's danach!

Aufwärmen

Da die Beschreibung der Übungen den Rahmen dieses Buches sprengen würde, wird an dieser Stelle auf den Titel Dagmar Sternad, Richtig Stretching, BLV Verlag, verwiesen. Zunächst sollte mit einem ca. fünfminütigen Aufwärmen in Form von Laufen, Hüpfen, kleinen Spielen und ähnlichem begonnen werden. Dem schließt sich ein Stretching unter Berücksichtigung der beim Snowboarden belasteten Muskelgruppen an. Deshalb ist es hierbei wichtig, in den Übungen systematisch vorzugehen.

Folgende Körperpartien sollten unbedingt gedehnt werden:
○ Kopf-Arm-Schulterbereich
○ Handgelenke
○ Wirbelsäule
○ seitliche Rumpfmuskulatur
○ Gesäßmuskulatur
○ Beinmuskulatur
○ Sprunggelenke.

Materialüberprüfung

Abgesehen davon, daß man sein Material schon zu Hause auf Funktionstüchtigkeit überprüft, sollten vor der ersten Fahrt folgende Punkte nochmals kontrolliert werden:
○ Ist der Fangriemen an der vorderen Bindung angebracht?
○ Sind die Bindungsschrauben alle fest?
○ Sind die Stiefel o.k.?

Die erste wichtige Regel beim Snowboarden ist das richtige Tragen und Hinlegen des Boards. Es sollte immer senkrecht und dicht am Körper getragen werden. Der Fangriemen wird dabei um das Handgelenk gewickelt. Das Board wird mit der Oberseite in den Schnee gelegt. Alle übrigen Variationen können lebensgefährliche Folgen für die anderen Pistenteilnehmer haben! Ein herrenloses Snowboard kann zur Waffe werden. Der Bindungseinstieg hängt vom jeweiligen Bindungstyp (Platten-, Schalenbindung) ab.

Einstieg bei Plattenbindung

Generell dreht man sich bei Bindungen mit Heckverschluß mit dem Gesicht zum Berg, bei Bindungen mit Frontverschluß zum Tal. Nachdem man das Board auf eine flache

Bindungseinstieg

Goofystellung   *Regularstellung*

Einstieg bei Schalenbindung
Der Einstieg erfolgt wie bei der Platten-bindung mit Frontein-stieg. Mit dem Gesicht zum Tal, wird der Stiefel zuerst mit der Ristschnalle fixiert, dann die Zehen-schnalle geschlossen. An der hinteren Bin-dung wird es genauso gemacht.

○ Regular: linker Fuß in der vorderen Bindung
○ Goofy: rechter Fuß in der vorderen Bindung.

Stelle gelegt oder sich ein kleines Plateau gemacht hat, wird die Bindung von Schnee und Eis befreit. Der Fangriemen ist immer am vorderen Bein zu betestigen. Der Ein-stieg erfolgt dann zuerst mit dem vorde ren Fuß. Hat man den Schnee am Stiefel ent-fernt, klappt man den Verschluß gegen den Schuh. Das Board wird dabei durch den hinteren Fuß oder durch Hinknien auf dem Board gesichert. An der hinteren Bindung verfährt man entsprechend. Achtung! Die noch-malige Verschluß-kontrolle von Bindung und Fangriemen ist unerläßlich!

Grundbegriffe
Vor den ersten Grund-übungen zunächst an dieser Stelle ein Paar Grundbegriffe, die auf den folgenden Seiten noch häufiger auf-tauchen.

Fahrtrichtungen
Auf dem Board unter-scheidet man zwei verschiedene Fahrt-richtungen:
○ Frontside: Fahrt-richtung mit Gesicht und Oberkörper zum Hang
○ Backside: Fahrtrich-tung mit Gesicht und Oberkörper zum Tal.

Ähnlich dem Skifahren spricht man von einer:
○ Bergkante: Board-kante, die näher zum Hang steht
○ Talkante: Board-kante, die näher zum Tal steht.

Grundstellung
Die Stellung aus der nahezu alle Manöver ausgeführt werden, bezeichnet man als Grundstellung:
○ Der Oberkörper ist ca. 45° nach vorne gedreht
○ die Hüft-, Knie- und Sprunggelenke sind unterschiedlich stark gebeugt
○ das Körpergewicht ist auf beide Beine gleichmäßig verteilt
○ der Blick ist nach vorne gerichtet.

Kantenbezeichnungen
Dementsprechend werden die Kanten benannt:
○ Frontsidekante (Toe Edge): Zehen-spitzenkante
○ Backsidekante (Heel Edge): Fersenkante.

Fußstellungen
Es gibt zwei verschie-dene Fußstellungen auf dem Board, deren Bezeichnungen aus dem Skateboarding stammen:

Erste Übungen

Die ersten Übungen finden in der Ebene statt. Balanceübungen eignen sich besonders zum Gewöhnen an das Board. Ausgangsposition ist dabei immer die Grundstellung.

Grundstellung

Balanceübungen

○ Tief- und Hochgehen in der Grundstellung
○ Kippen des Boards auf die Front- und Backsidekante
○ Gewichtsverlagerung des Körperschwerpunktes nach vorne/hinten
○ leichtes Abspringen mit Strecken des Körpers und weiches Landen durch Tiefgehen.

Stürzen

Die wichtigste Übung für den Anfänger ist das Erlernen von Stürzen und Aufstehen. Durch ein kontrolliertes Stürzen werden Verletzungen vermieden. Ein ökonomisches Aufstehen hilft Kräfte zu sparen.

Frontsidesturz

Verliert man das Gleichgewicht auf der Frontsidekante, ist der Oberkörper durch leichtes Strecken so schnell wie möglich zum Boden zu bringen. Die Arme werden dabei seitlich gehalten. Der Aufprall wird nicht mit den Händen und Knien abgefangen, sondern großflächig durch Oberkörper, Arme und Oberschenkel. Im Liegen werden die Knie rasch gebeugt und gleichzeitig das Board aus dem Schnee gehoben. Bis zum Stillstand sollte man in dieser Position verbleiben.

Backsidesturz

Verliert man das Gleichgewicht auf der Backsidekante, sollte man durch rasches In-die-Knie-Gehen versuchen, den Körperschwerpunkt vor dem Aufprall dicht über das Board zu bringen. Die Arme werden wiederum seitlich gehalten. Mit den Händen auf keinen Fall nach hinten greifen! Der Aufprall wird durch Abrollen auf den Rücken abgefangen. Gleichzeitig mit der Rollbewegung wird das Board aus dem Schnee gehoben. So bleibt man bis zum Stillstand.

Aufstehen

Um seine Kräfte nicht nur beim Aufstehen zu vergeuden, auch hier ein paar Tips. Der Einsteiger hat es anfangs leichter, über die Frontsidekante aufzustehen. Auf die Frontsidekante wird mit den Zehenspitzen

Von oben nach unten:
Frontsidesturz
Backsidesturz
Rollertechnik

Druck gegeben, der Oberkörper wird mit den Armen über die Frontsidekante gebracht. Durch Abdruck mit den Händen vom Boden und gleichzeitiger Kniestreckung wird der Körper aufgerichtet. Steht man über die Backsidekante auf, ist der vordere Arm dicht an das Board zu bringen. Mit den Fersen wird Druck auf die Backsidekante gegeben und der Oberkörper über das Board gebracht. Durch Schwungholen des hinteren Armes und gleichzeitiges Abstoßen der vorderen Hand vom Boden strecken sich die Beine und der Körper richtet sich auf.

Rollertechnik
Den ersten Gleitgenuß erfährt der Anfänger über das sogenannte Rollerfahren. Hierbei ist nur das vordere Bein in der Bindung. Mit dem hinteren Bein schiebt man abwechselnd an oder stellt es auf das Antirutschpad.

Und jetzt geht's abwärts! Für die nächsten Schritte sucht man sich eine sehr flache, gut präparierte, weit auslaufende Piste. Gleiten in der Fallinie steht jetzt auf dem Programm. Aus der Grundstellung heraus läßt man das Board in der Fallinie gleiten. Locker bleiben, das Board wird nicht zu schnell, da der Hang eben ausläuft! Wichtig ist, daß die Boardspitze immer genau ins Tal zeigt.

Seitrutschen
Die nächste Übung ist das Seitrutschen in der Fallinie (ohne Abbildung). Ausgangsposition ist die Grundstellung mit Druck auf die Bergkante. Durch dosiertes Entlasten der Bergkante kommt das Board in Bewegung. Vorsicht! Ein zu starkes Entlasten der Bergkante zieht häufig ein Verkanten der Talkante nach sich. Ein Sturz ist die Folge. Zum Bremsen

wird der Kantendruck auf der Bergkante wieder erhöht.

Schrägrutschen
Beim Schrägrutschen wird das Board sowohl in der Fallinie als auch nach vorne bzw. hinten bewegt (ohne Abbildung). Aus der Grundstellung heraus und mit Druck auf der Bergkante löst man dosiert den Kantendruck und verlagert sein Gewicht etwas auf das vordere (Schrägrutschen vorwärts), bzw. auf das hintere Bein (Schrägrutschen rückwärts). Die Übung wird auf jeweils beiden Seiten (Front-/Backside) durchgeführt.

Schrägfahrt

In der Schrägfahrt bewegt sich der Anfänger erstmals nur auf der Kante des Boards. Die Stellung der Schrägfahrt gleicht dem Schrägrutschen; der Druck auf der Bergkante wird bei Fahrt auf der Frontsidekante durch die Zehenspitzen, bei Fahrt auf der Backsidekante durch Druck auf die Fersen verstärkt: Ist der Pistenrand erreicht, erfolgt die erste Richtungsänderung: einfaches Hinlegen und Drehen des Boards.

Liftfahren

Nach mehrmaligem erfolgreichen Üben hat das »Hiking« vorläufig ein Ende, der Lift wartet nun. Fährt man Schlepplift, sollte es nicht gleich der steilste sein. Das Rollerfahren hat hier gute Vorarbeit geleistet. Nur der vordere Fuß bleibt in der Bindung. Nachdem die losen Teile der offenen hinteren Bindung eingeklappt sind, stellt man sich auf seine Schokoladenseite: beim Regularfahrer links vom Bügel, beim Goofyfahrer rechts vom Bügel. Nun greift man den Bügel und hakt ihn entweder am vorderen Oberschenkel ein oder – für den Anfänger etwas schwieriger – nimmt ihn hinter das Gesäß. Der Ruck beim Anfahren wird durch leichtes Vorbeugen ausgeglichen. Das hintere Bein bleibt während der Fahrt auf dem Antirutschpad. Während der Fahrt nicht verkrampfen. Bei schrägen Liftspuren steuert man das Board entgegen der Hangneigung. Beim Aussteigen zieht man mit den Armen den Bügel leicht an und schiebt ihn seitlich weg. Mit Hilfe der Rollertechnik verläßt man rasch den Ausstieg. Treten dennoch Probleme auf, sind sicherlich erfahrene Snowboarder oder Skifahrer in der Nähe, die ihre Hilfe beim Liftfahren anbieten. Bei Stürzen sofort die Liftspur verlassen! Beim Sessellift ist es wichtig, daß die Boardspitze sowohl beim Ein- als auch Ausstieg in Fahrtrichtung zeigt. Das Sesselliftfahren bereitet sonst keine Probleme.

Einstieg beim Schleppliftfahren und sichere Haltung während der Fahrt

Einstieg in den Sessellift

»bevorzugt« leider noch immer eine völlig falsche Technik, um die Hänge abzureiten. Das Reizwort heißt »Gegenrotation«. Bei dieser ästhetisch nicht sehr ansprechenden Fahrweise handelt es sich um ein permanentes Gegendrehen des Oberkörpers während des Schwungs. Das Board läßt sich zwar bei langsamer Geschwindigkeit sehr gut um die Kurve schummeln, bei höheren Geschwindigkeiten

jedoch kommt das vermeintliche Fahrkönnen sehr schnell an seine Grenzen. Unkontrolliertes und gefährliches Fahren sind die Folge. Ein weiterer Nachteil dieser Fahrweise zeigt sich auch in der fahrtechnischen Entwicklung. Geht der Fehler erst einmal in Fleisch und Blut über, gibt's viel Frust. Ein Weiterkommen ist dann fast unmöglich. Deshalb, Ärger sparen und von Anfang an die richtige Technik erlernen! Für die folgenden Schwünge wählt man am besten eine flache, plane Piste aus. Die nachstehenden Bewegungsbeschreibungen beziehen sich sowohl auf den Frontside- als auch auf den Back-

Backside

Driftschwung

Der Driftschwung, das Manöver zum Erfolg, ist die erste gezielte Richtungsänderung auf dem Board. Er ist Basis für alle alpinen Schwungformen und findet seine Anwendung sowohl im Anfänger- als auch im Racebereich. Mit ihm wird der Grundstein

für die fahrtechnische Entwicklung gelegt. Er muß deshalb auch sehr intensiv geübt werden, denn eine gute Fahrtechnik ist Werbung für diesen Sport! Daß dies nicht immer der Fall ist, zeigt ein Blick auf die Pisten. Ein Großteil der Snowboarder

sideturn. Die beiden Schwünge unterscheiden sich hinsichtlich ihres Erscheinungsbildes, sind jedoch in ihren technischen Bewegungsabläufen identisch.

Driftschwung bergwärts

Eine gute Vorübung zum Driftschwung und zugleich wichtigstes Manöver zum Bremsen ist der Schwung bergwärts. Der Schwung wird aus der Grundstellung und leichtem Schrägrutschen angefahren. Durch Gewichtsverlagerung auf das vordere Bein und gleichzeitiges leichtes Lösen der Bergkante vom Schnee wird das Board zur Geschwindigkeitsaufnahme

leicht in Richtung Fallinie gebracht. Die Schwungeinleitung erfolgt durch eine deutliche Oberkörper-/Hüftrotation zum Hang, der das Board folgt. Die Arme bleiben dabei seitlich vor dem Körper. Durch dosierten Kantendruck kommt das Board wieder zum Stehen.

Frontside

Tips:

- Gewichtsverlagerung auf vorderes Bein
- deutliche Oberkörper-/Hüftrotation zum Hang vollständig ausführen
- zentrale Stellung auf dem Board
- Blick in Fahrtrichtung
- dosiertes Aufkanten am Schwungende.

Basisschwung gedriftet

Wie der Name schon verrät, bildet dieser Schwung die Grundlage aller nachfolgenden Schwünge. Der Basisschwung wird in Grundstellung aus der Schrägfahrt heraus angefahren. Durch Gewichtsverlagerung auf das vordere Bein und gleichzeitiges Flachstellen des Boards wird dieses in die Fallinie gebracht. Der sich anschließenden Oberkörper-/Hüftrotation in Schwungrichtung folgt das Board. Das Board wird in der Fallinie umgekantet. Durch Weiterführen der Oberkörper-/Hüftrotation läßt sich der Schwung aussteuern. Am Schwungende werden beide Beine gleichmäßig belastet. Die Grundstellung ist mit erneuter Schrägfahrt wieder erreicht.

Mögliche Probleme:
○ Board dreht nur schwer in Fallinie
○ Sturz während des Schwungs auf die Kurveninnenseite
○ Übersteuern des Boards am Schwungende
○ Gegendrehen des Oberkörpers.

Basisschwung mit Hochentlastung

Der Basisschwung mit Hochentlastung ist der erste Schwung mit einer Vertikalbewegung zur Schwungauslösung. Er wird meistens in steilerem Gelände gefahren und bildet die Grundlage für den späteren geschnittenen Schwung mit Hochentlastung. Angefahren wird der Schwung in stark gebeugter Grundstellung. Die Schwungauslösung erfolgt wieder mit einer deutlichen Oberkörper-/Hüftrotation in Schwungrichtung. Sie wird jedoch gleichzeitig durch eine zusätzliche Körperstreckung unterstützt.

Das durch die Streckbewegung entlastete Board wird in der Fallinie umgekantet. Hat das Board die Fallinie überfahren, wird durch deutliches, dosiertes Tiefgehen der Kantendruck kontinuierlich verstärkt und der Schwung bis zur Schrägfahrt ausgesteuert. Beherrscht man den Schwung in der obigen Form, kann dazu übergegangen werden, das Board schon vor der Fallinie umzukanten. Eine dynamische Streckung ist hierbei unbedingt erforderlich, um auch in steilerem Gelände fahren zu können.

Vorübungen zum Schwung:

- Üben der kombinierten Bewegung (Rotation und Streckung) auf der Ebene
- Hoch- und Tiefgehen während der Schrägfahrt.

Mögliche Probleme:

- Board dreht nur schwer in Fallinie
- Sturz während des Schwungs auf die Kurveninnenseite
- Übersteuern des Boards am Schwungende
- Gegendrehen des Oberkörpers.

Tips:

- Stärkerer Druck auf vorderes Bein
- deutlichere Oberkörper-/Hüftrotation, verstärkte Streckbewegung, Board flachstellen
- Blick in Fahrtrichtung
- erst in der Fallinie umkanten, zentrale Stellung auf dem Board
- am Schwungende Grundstellung einnehmen.

Basisschwung mit Tiefentlastung

Der Basisschwung mit Tiefentlastung ist Voraussetzung für das dynamische Fahren langgezogener Schwünge bei höherem Tempo. Er bildet gleichzeitig die Grundlage für die Buckelpistentechnik. Die Anfahrt erfolgt wieder in Grundstellung. Ähnlich dem gedrifteten Basisschwung wird das Board durch Gewichtsverlagerung auf das vordere Bein in die Fallinie gebracht. Die Schwungeinleitung erfolgt durch eine deutliche Oberkörper-/Hüftrotation in Schwungrichtung mit einer raschen, dynamischen Tiefbewegung. Das durch die Beugung entlastete Board wird in der Fallinie umgekantet. Dabei ist es wichtig, die zentrale Position auf dem Board beizubehalten. Die Körperrotation wird weitergeführt und der Schwung mit einer dem Schwungradius angepaßten, dosierten Streckung ausgesteuert. Die Grundstellung als Ausgangsstellung für den nächsten Schwung ist wieder erreicht. Gleich dem Basisschwung mit Hochentlastung wird nach Beherrschen der obigen Schwungform auch bei der Tiefentlastung das Board bereits vor der Fallinie umgekantet.

Vorübungen zum Schwung:
- Bewegung auf der Ebene im Stand üben
- rasches Tiefgehen in der Schrägfahrt.

Mögliche Probleme:
- Board dreht nur schwer in Fallinie
- Sturz während des Schwungs auf die Kurveninnenseite
- Board übersteuert am Schwungende
- Gegendrehen des Oberkörpers.

Tips:
- Stärkerer Druck auf vorderes Bein, deutliche Oberkörper-/Hüftrotation, verstärktes Tiefgehen, Board flachstellen
- Blick in Fahrtrichtung
- erst in der Fallinie umkanten, Körper über dem Board halten
- am Schwungende Grundstellung einnehmen.

Geschnittener Schwung

Dieses Kapitel soll einen Einblick in die faszinierendste und anspruchsvollste Fahrtechnik des Snowboardens, das Carving, geben. Viele hat das Carving-Fieber bereits gepackt – gleichgültig ob auf der Piste oder im Powder, ein einmaliges Surffeeling! Beim Carven handelt es sich um reines Fahren auf der Kante. Nicht zuletzt durch die Entwicklung technisch hochwertiger Boards ist es heute möglich, extremste Kurvenlagen einzunehmen. Beim Anblick auf der Piste hat jeder den Wunsch, dieses Spiel mit den Kräften selbst zu erleben. Carven ist jedoch nicht zu verwechseln mit sinnlosem Rasen, es erfordert vielmehr ein hohes Maß an Bewegungsgefühl und Kontrolle über das Board. Der geschnittene Schwung findet auch im Rennsport seine Anwendung. Er tritt dort jedoch häufig in Mischform mit kurzzeitigem Driften auf.

Für die nun folgenden Schwünge wird zu Beginn eine flache bis mittelsteile, plane Piste ausgewählt. Der Frontsideturn wird mit Druck auf der Zehenspitzenkante, der Backsideturn mit Druck auf der Fersenkante gefahren. Der weitere technische Bewegungsablauf ist auch hier für beide Turns gleich und deshalb nur einmal beschrieben.

Geschnittener Schwung bergwärts

Dieser Schwung vermittelt erstmalig das reine Fahren auf der Kante. Angefahren wird der Schwung in Grundstellung aus der Schrägfahrt heraus. Eine etwas höhere Geschwindigkeit als bei den gedrifteten Schwüngen ist dabei erforderlich, um das Board durch Verlagerung des Körperschwerpunktes auf die Kurveninnenseite aufzukanten. Gegen Schwungende wird der Kantendruck vermindert. In Grundstellung wird das Board abgebremst.

Tips:

○ Schwungspur darf nur sehr schmal und tief sein, bei breiter Spur ist der Schwung gedriftet
○ Blick in Schwungrichtung
○ stärkeres Aufkanten während des Schwungs bei höherem Tempo
○ bei geringer Geschwindigkeit den Körper nicht so stark in die Kurve legen.

Geschnittener Basisschwung

Der geschnittene Basisschwung ist die Grundlage für alle übrigen Schwungformen der hohen alpinen Fahrtechnik. Das Fahren wie auf einer Schiene läßt sich bei diesem Schwung erstmalig bewußt erleben. Er wird in Grundstellung auf der Bergkante angefahren. Durch frühzeitiges Kippen des Boards auf die Talkante bereits vor Erreichen der Fallinie wird eine exakte Schwungsteuerung eingeleitet. Die Kurveninnenlage und der Kantendruck werden der Geschwindigkeit angepaßt. Je stärker gekantet wird, desto

kleiner wird der Schwungradius. Nach Aussteuern des Schwungs wird der Kantendruck vermindert und der Körper wieder zentral über das Board gebracht. Die Grundstellung ist erreicht, und man kann zum nächsten Schwung ansetzen.

Mögliche Probleme:
○ Das Board driftet
   oder bricht aus
○ Sturz auf Kurven-
   innenseite
○ Gegendrehen des
   Oberkörpers.

Tips:

○ Stärkeres und
   früheres Aufkanten
○ Körper zentraler
   über dem Board
   halten
○ für gleichmäßige
   Schwungsteuerung
   während des Back-
   sideturns unbedingt
   die hintere Schulter
   in Fahrtrichtung
   drehen
○ Blick in Schwung-
   richtung
○ Ziehen der Arme in
   Schwungrichtung
○ höheres Tempo.

Geschnittener Schwung mit Hochentlastung

Dieser Schwung eignet sich hervorragend bei steilen Hängen. Wie beim gedrifteten Basisschwung mit Hochentlastung wird auch hier in gebeugter Grundstellung angefahren. Durch eine deutliche Körperstreckung wird das Board entlastet und bereits vor der Fallinie umgekantet. Der Körper ist, je nach Geschwindigkeit, mehr oder weniger zur Kurveninnenseite geneigt.

Eine dosierte Tiefbewegung erzeugt den Kantendruck in der Schwungsteuerung bis zur Schrägfahrt. In gebeugter Grundstellung kann der nächste Schwung vorbereitet werden.

Mögliche Probleme:
- Board dreht nicht
- Board bricht nach Schwungauslösung aus
- zu breite Spur, Board driftet
- Sturz auf Kurveninnenseite
- Gegendrehen des Oberkörpers.

Tips:
- Deutlichere Hochbewegung zur Schwungauslösung
- dosierteres Hoch- und anschließendes Tiefgehen
- stärkeres und früheres Aufkanten
- Körper zentraler über dem Board halten
- hintere Schulter beim Backsideturn nach vorne drehen
- Blick in Schwungrichtung
- Ziehen der Arme in Schwungrichtung
- höheres Tempo.

Geschnittener Schwung mit Tiefentlastung

Auf weiten mittelsteilen Hängen findet dieser Schwung seine Anwendung. Er wird im Racebereich häufig beim Super-G mit Beschleunigungsdrehen gefahren. Dabei führt eine Körperstreckung bei Schwungende zu einer nochmaligen Beschleunigung des Boards. Aus der Grundstellung heraus erfolgt die Schwungauslösung durch rasches Tiefgehen des ganzen Körpers. Das Board wird dadurch entlastet. Umgekantet wird bereits vor der Fallinie. Die nun folgende Kurveninnenlage hängt von der jeweiligen Geschwindigkeit ab. Es folgt eine dosierte Körperstreckung in der Schwungsteuerung. Die Grundstellung und damit die Ausgangsposition für den folgenden Schwung ist erreicht.

Mögliche Probleme:
- Board dreht schwer
- zu breite Spur, Board driftet
- Sturz auf Kurveninnenseite
- Gegendrehen des Oberkörpers.

Tips:
- Deutlicheres Tiefgehen zur Schwungauslösung
- stärkeres und früheres Aufkanten
- dosierteres Hochgehen während der Schwungaussteuerung
- Körper zentraler über dem Board halten
- Blick in Schwungrichtung
- Ziehen der Arme in Schwungrichtung
- hintere Schulter beim Backsideturn in Fahrtrichtung drehen
- höheres Tempo.

Kurzschwingen gedriftet

Prinzipiell versteht man unter Kurzschwingen ein rhythmisches Aneinanderreihen von Schwüngen mit kleinen Radien. Die Schwünge gehen fließend ineinander über. Eine Schrägfahrt gibt es hierbei nicht. Zum Üben empfiehlt sich anfangs eine flache, plane Piste. Mit einer Oberkörper-/Hüftrotation wird der Schwung aus der gebeugten Grundstellung eingeleitet. Durch kurzes Hochentlasten wird das Board umgekantet und durch schnelles, dosiertes Tiefgehen ausgesteuert. In gebeugter Position wird gleich der nächste Schwung angeschlossen.

Mögliche Probleme:
○ Schwungradien können nicht beibehalten werden
○ das Board wird zu schnell.

○ Schwungradien bei Front- und Backsideturn angleichen
○ stärkerer Kantendruck bei Schwungende.

Kurzschwingen geschnitten

Wie beim gedrifteten Kurzschwung ist auch hier anfangs eine flache, plane Piste zu empfehlen. Als eines der wohl schwierigsten Manöver im alpinen Fahren verlangt das geschnittene Kurzschwingen dem Fahrer ein hohes Maß an Kantenführung und Kondition ab. Durch Hochentlasten wird das Board vor der Fallinie auf die andere Kante gekippt und durch ein nachfolgendes kurzes Tiefgehen ausgesteuert. Die Ausgangsposition für den nächsten Schwung ist dann erreicht. Auf gleichmäßigen, der Geschwindigkeit angepaßten Schwungrhythmus ist zu achten.

Mögliche Probleme:
○ Schwungradien können nicht beibehalten werden
○ das Board wird zu schnell.

○ Schwungradien bei Front- und Backsideturn angleichen
○ stärkerer Kantendruck bei Schwungende.

Jump Turn

Dieser Schwung stellt eine Extremform des geschnittenen Hochschwungs dar. Er findet seine Anwendung hauptsächlich auf vereisten, steilen Pisten. Angefahren wird der Schwung in gebeugter Grundstellung. Durch ein dynamisches Abspringen von der Bergkante verliert das Board den Schneekontakt und wird vor der Fallinie in der Luft umgekantet. Bei der nun folgenden Landung wird ein extrem hoher Kantendruck erzeugt. Dosiertes Tiefgehen steuert den Schwung aus. In gebeugter Grundstellung wird der neue Schwung vorbereitet.

Mögliche Probleme:
○ Board verliert nicht den Schneekontakt
○ Board wird immer schneller
○ Gegendrehen des Oberkörpers.

Tips:

○ Deutliches Tiefgehen vor dem Schwung, kräftigerer Absprung von der Bergkante
○ Erhöhung des Kantendrucks nach der Landung durch dosiertes Tiefgehen.

51

Vitelli Turn

In beeindruckender Weise demonstriert dieses Manöver das Spiel mit den Kräften. Das Ausreizen des maximal möglichen Kantendrucks ist der Schlüssel zum Erfolg bei diesem radikalen Turn.

Nach dem Anfahren aus der Grundstellung heraus wird der Schwung durch eine Tiefbewegung einge-leitet. Mit dem Umkanten des Boards beginnt sich der Körper zur Kurveninnenseite zu neigen. Durch langsames Strecken der Beine wird ein extremer Kantendruck erzeugt. Nahezu der ganze Körper liegt nun im Schnee. Der Schwung endet mit dem Aufrichten des Körpers und Vermindern des Kantendrucks in Grundstellung.

Buckelpistentechnik

Das Buckelpistenfahren wird von vielen zu Unrecht gefürchtet und gemieden. Beschäftigt man sich mit der Materie jedoch intensiver und gibt nach den ersten Fehlversuchen nicht gleich auf, bekommt man ein Gefühl für die Buckel.

Man unterscheidet zwei Techniken:

Tiefbeugetechnik

Bei dieser Technik werden die Buckel mit einer Hoch-Tief-Hoch-bewegung überfahren.

Voraussetzung ist also das Beherrschen der Tiefschwungformen. In Grundstellung wird der Buckel angefahren und beim Auffahren eine deutliche Oberkörper-Hüft-rotation in Schwungrichtung mit einer gleichzeitigen Tiefbewegung durchgeführt. Das entlastete Board wird auf dem Buckel in tiefster Position in die neue Fahrtrichtung gedreht. Beim Herunterfahren wird der Körper wieder bis zur Grundstellung gestreckt.

Muldentechnik

Bei dieser Technik werden die Buckel mit Tiefentlastung umfahren. Dies hört sich einfach an, erfordert jedoch genauso Übung wie das direkte Überfahren der Buckel. Vor Einfahrt in die Mulde erfolgt eine deutliche Oberkörper-/ Hüftrotation in Schwungrichtung mit gleichzeitigem Tiefgehen. Dadurch wird das Board entlastet, danach umge-kantet und nachfolgend durch eine Körperstreckung ausgesteuert. Der nächste Schwung wird vorbereitet.

Tips:

○ Flache Buckel zum Anfangen verwenden
○ zum Üben immer die die gleiche Linie wählen
○ Bewegung rhythmisieren.

Tiefschneetechnik

Powder kann je nach Gelände und Schneebeschaffenheit mit zwei verschiedenen Techniken gefahren werden. Beim Fahren mit Rücklage wird der Körperschwerpunkt zu ca. zwei Drittel auf das hintere Bein verlagert, um ein Eintauchen der Nose in den Tiefschnee zu verhindern. Die Schwünge werden durch Körpergewichtsverlagerung auf die Kurveninnenseite eingeleitet und dosiert um das hintere Bein gedreht.

Die zweite Technik ist ein einfaches Kippen des Boards in Schwungrichtung. Das Gewicht ist dabei auf beide Beine gleichmäßig verteilt. Ähnlich dem geschnittenen Basisschwung finden keine Vertikalbewegungen statt. Das Board wird dynamisch aus Beinen und Hüfte heraus gedreht. Mit Ziehen der Arme in Schwungrichtung erhält der Schwung zusätzliche Fahrdynamik. Je nach Gelände und Schneeverhältnissen werden die zwei Techniken in kombinierter Form gefahren.

Die nachstehende Tabelle zeigt die Anwendung sämtlicher Schwungformen in Abhängigkeit von Schnee- und Geländebeschaffenheit:

Lockerer Pulverschnee über ca. 30 cm	In Rücklage steuert man das Board mit dosierter Schwungauslösung durch den Powder. Je tiefer der Schnee ist, desto steiler muß der Hang sein, um genügend Fahrt zu erhalten. Achtung nach dem Sturz! Das Aufstehen kann zum Kraftakt werden!
Lockerer Pulverschnee bis ca. 30 cm	Bis zu ungefähr dieser Schneehöhe fährt man mit der zentralen Stellung, ähnlich dem geschnittenen Basisschwung. Kontrolliertes Fahren ist unbedingt erforderlich, da der Untergrund vereist sein kann.
Naßschnee	Für den Skifahrer schon eher ein Horror, kann man bei schwerem Naßschnee als Snowboarder immer noch Spaß haben. Sämtliche geschnittene Schwünge sind hier von Vorteil, da das Board auf der Kante dem nassen Schnee weniger Widerstand bietet. Achtung bei flachen Passagen! Etwas in Rücklage gehen, das Board kann plötzlich stark abgebremst werden.
Bruchharsch	Der Bruchharsch, selbst für den Snowboarder eine Qual, muß mit kurzen, druckreichen Schwüngen flüssig gefahren werden. Wird der Jump Turn sicher beherrscht, ist er ein gutes Mittel gegen diesen unangenehmen Untergrund.
Eisige, harte Piste	Bei kontrolliertem Tempo und gleichmäßigem Schwungrhythmus ist ein geschnittenes Fahren am effektivsten.
Steilhänge	Steilhänge werden prinzipiell kurz geschwungen, um das Tempo zu kontrollieren. Es kann mit gedriftetem Kurzschwung, geschnittenem Hochschwung oder Jump Turn gefahren werden.
Buckelpiste	Die Buckelpiste wird mit einem gedrifteten oder geschnittenen Tiefschwung angegangen. Das Finden des Schwungrhythmus ist dabei das wichtigste Ziel.

Race: Einführung in die Stangentechnik

Die alpinen Renndisziplinen umfassen den Parallelslalom und den Super-G.

Beim Parallelslalom wird eine Höhendifferenz von 100 bis 150 Metern zurückgelegt. Die Läufer müssen sich in einem Parallel-Dual-Slalom für das Finale qualifizieren. Der Sieger wird in mehreren parallelen Läufen nach dem K.-o.-System ermittelt. Jeder Fahrer durchfährt beide Läufe und kämpft mit seinem Gegner um die bessere Gesamtzeit. Der Zeitschnellere steigt in die nächste Runde auf, bis die letzten zwei Läufer um den Sieg fahren.

Der Super-G für Snowboarder ist eine Mischform aus Riesenslalom und Super-G des alpinen Skisports. Es wird eine Höhendifferenz zwischen 350 und 800 Metern zurückgelegt, wobei der Kurs dem Gelände entsprechend angepaßt gesteckt ist und den natürlichen Kurvenradien des frei-en Fahrens entspricht. Der Sieger wird in einem Lauf ermittelt. Das Stangenfahren bietet jedoch auch für den Nichtrennläufer eine gute Möglichkeit, seine eigene Fahrtechnik zu verbessern. Sehr schnell werden die fahrtechnischen Grenzen sichtbar und der Ehrgeiz geweckt. Man unterscheidet beim Slalom zwei verschiedene Techniken, die sich nach dem Gelände und der Art des gesteckten Kurses richten. Ist ein Kurs eher eckig gesteckt, wird mit Hochentlastung gefahren. Ist der Kurs jedoch nahe der Fallinie gesteckt, wird das sogenannte Kippdrehen eingesetzt. Hauptziel beider Techniken ist es, den Kurs soweit als möglich auf der Kante zu durchfahren. Meistens treten die Schwünge jedoch in Mischform auf. Je nach Gefälle und Schneebeschaffenheit sind kurze Driftphasen nötig. Zum Slalomfahren werden eher kürzere, mittelharte Boards mit starker Taillierung und asymmetrischem Shape verwendet. Um unnötige Blessuren an Armen und Beinen zu vermeiden, empfiehlt sich ein Schlagschutz. Begibt man sich erstmalig in den Stangenwald, sollte ein flacher gut präparierter Hang gewählt werden. Man beginnt mit weiteren Torabständen, um ein Gefühl für die Stangen und den Rhythmus zu bekommen. Erst nach und nach sollten die Kurse enger gesteckt werden.

Slalomtechnik mit Kippdrehen

Das Kippdrehen wird bei Läufen, die nahe der Fallinie gesteckt sind, verwendet. Ausholende Radien, die bei der Hochentlastung gefahren werden, entfallen hierbei. Die Tore werden direkter angefahren. Dies fordert einen schnellen Kantenwechsel, wobei das Board aus den Beinen heraus von Kante zu Kante gekippt wird.

Eine ruhige Oberkörperhaltung ist auch hier besonders wichtig. Das Board wird ungefähr auf halber Strecke zwischen den Toren durch einfaches Kippen umgekantet. Unmittelbar darauf erfolgt die Schwungauslösung für den nächsten Schwung. Man sollte diese Technik als Vorübung zunächst ohne Stangen fahren. Dazu eignet sich eine flache, gut präparierte Piste. Die Schwünge werden nahe der Fallinie gefahren.

Vorübung zum Kippdrehen (ohne Stangen)

Slalomtechnik mit Hochentlastung

Voraussetzung für diese Technik ist das Beherrschen sämtlicher Schwungformen. Sind die Tore sehr stark versetzt, ist ein Umkanten des Boards durch Hochentlasten erforderlich. Sehr wichtig ist es, den Slalomkurs in einem optimalen Rhythmus zu durchfahren. Dazu ist ein ruhiger Oberkörper von größter Wichtigkeit. Das Tor wird hoch angefahren und die Stange passiv durch den Schlagschutz abgeleitet. Beim Passieren der Stange ist das Board bereits zum nächsten Tor ausgerichtet, das bedeutet, daß der Schwung bereits auf Höhe des Tores beendet sein sollte. Durch rasches Aufrichten des Körpers wird das Board entlastet und danach umgekantet. Der Kantendruck wird dabei durch eine dosierte Tiefbewegung erhöht und das Board ausgesteuert. Zum Schwungende hin findet die Stangenberührung statt. Das Board ist bereits zum nächsten Tor ausgerichtet. Um die Ideallinie zu finden, sollte der Fahrer zwei bis drei Tore voraus im Auge haben. Schwierigkeiten im Kurs können so rechtzeitig erkannt werden und ein möglicher Sturz kann u.U. vermieden werden.

Tips:

- Hohes Anfahren der Tore
- deutliche Hochentlastung
- frühes Umkanten nach Passieren des Tors
- frühes Ausrichten des Boards auf das nächste Tor
- Bewegung mit ruhigem Oberkörper rhythmisieren
- vorausschauendes Fahren in den Torkombinationen.

Super-G-Fahrtechnik

Für Speedfreaks ist diese Disziplin das Nonplusultra. Geschwindigkeiten bis zu 100 Stundenkilometern werden bei den Profis erreicht. Um sich an die dabei auftretenden Kräfte zu gewöhnen und den Mut für die Geschwindigkeit zu finden, empfiehlt sich der Weg über den Riesenslalom. Hierbei

werden die Tore nicht ganz so weit gesteckt und damit das Tempo herabgesetzt. Für diesen Einsatz empfehlen sich mittelharte, asymmetrische Boards bis zu einer Länge von 170 Zentimetern. Ähnlich dem Slalom unterscheidet man auch hier zwei Techniken, die je nach Art des Kurses ihre Anwendung finden. Passagen, die nahe der Fallinie gesteckt sind und ein direktes Anfahren der Tore erlauben, werden mit Kippdrehen gefahren. Bei vertikal weit versetzten Toren wird hingegen mit Beschleunigungsdrehen gefahren, das hier näher beschrieben werden soll.

Beschleunigungsdrehen

Diese Fahrtechnik besteht aus einem Tiefentlasten mit anschließendem Beschleunigen durch eine Körperstreckung und leichter Gewichtsverlagerung zum Tail hin. Ein hohes Anfahren der Tore ist bei dieser Technik wichtig. Aus dem Tor heraus erfolgt die Beschleunigung durch eine Körperstreckung und Gewichtsverlagerung zum Tail hin. Anschließendes dynamisches Tiefgehen entlastet das Board für den Kantenwechsel. Auf Höhe des Tores orientiert sich das Board bereits zum nächsten Tor hin. Zwei wichtige Punkte, die dabei unbedingt beachtet werden sollten, sind die dosierte Schwungsteuerung über den gesamten Schwungverlauf und der rechtzeitige Schwungwechsel in Abhängigkeit vom Kursverlauf. Im Gegensatz zum Slalom

sollten die Stangen nicht oder nur leicht berührt werden. Ein direktes Attackieren der Stangen würde den Fahrer bei hoher Geschwindigkeit aus der Bahn oder zum Stürzen bringen. Für den ersten Kurs sucht man sich eine flache, plane Piste. In steileres Gelände sollte man aufgrund der höheren Geschwindigkeit erst mit zunehmendem Beherrschen der Technik gehen.

Freestyle

Tricks für Piste und Schanze

Spielerisch und zugleich beeindruckend erscheinen Freestyletricks auf Piste und Ramp. Die unerschöpfliche Geländevielfalt der alpinen Winterwelt bietet ideale Möglichkeiten, um sich auf seinem Board kreativ zu betätigen. Ist es nun eine plane Piste oder sind es Buckel, der Freestyler nützt jede Gelegenheit, um mit seinem Board zu spielen. Wie beim alpinen Fahren, ist es beim Freestylen genauso wichtig, mit leichten Basictricks zu beginnen und sich langsam zu steigern. Wie schon erwähnt, hat das Skateboarding einen großen Einfluß auf den Snowboard-

freestyle. Nur die wenigsten Tricks wurden direkt im Snowboarden kreiert. Nahezu alle Tricks stammen aus dem Skateboardbereich. ein kleiner Teil aus dem Wellenreiten. Als Voraussetzung sollten auf jeden Fall die alpinen Basisschwünge beherrscht werden. Eine sichere Kontrolle des Boards ist unbedingt erforderlich. Wie immer gilt auch hier: Aufwärmen nicht vergessen! Sowohl für Tricks auf der Piste als auch in der Halfpipe sollten die für diesen Einsatzbereich gedachten Freestyleboards mit einer Schalenbindung verwendet werden.

Pistentricks

Tailwheelie

Der Tailwheelie ist ein absoluter Basictrick, den jeder Freestyler beherrschen sollte. Das Gleichgewichtsgefühl und die Sicherheit auf dem Board werden durch ihn entscheidend verbessert. Für die ersten Versuche eignet sich eine gut präparierte, weiche Piste. Das Freestyleboard sollte nicht zu hart sein und eine starke Heckaufbiegung besitzen. In der Fallinie fährt man mit gebeugter Grundstellung an. Durch ruckartige Gewichtsverlagerung nach hinten, Strecken des vorderen Beines, Abwinkeln des hinteren Beines und gleichzeitiges Hochreißen der Arme bringt man das Board in Wheelieposition. Das Board läßt sich nun auf dem Tail fahren. Die Arme werden dabei zur Balance ausgebreitet oder vom Könner locker in die Hüften genommen. Der Oberkörper wird etwas nach vorne gebeugt. Zum Beenden des Wheelies verlagert man das Körpergewicht wieder auf das vordere Bein bis das ganze Board wieder Schneekontakt hat.

Laybackslide

Dieser ursprünglich klassische Surftrick eignet sich zum Abshredden von Banks, Tiefschneewächten und abgefahrenen Halfpipes. Schon bei den ersten Versuchen kann bereits ein etwas steileres Gelände gewählt werden. In der Fallinie fahrend stützt man sich auf Backside mit der hinteren Hand im Schnee auf. Das Board wird dabei durch Vorschieben des Tails durch das hintere Bein auf der Backsidekante quer zur Fahrtrichtung gestellt. Je stärker das hintere Bein gestreckt wird, desto mehr wird der Trick gestylt. Durch Anwinkeln des hinteren Beines richtet sich die Boardspitze wieder in Richtung Fallinie. Kräftiges Abstoßen mit der hinteren Hand vom Schnee bringt den Oberkörper wieder über das Board. Der Laybackslide ist beendet.

Noseroll 180°

Als Kickturn aus dem Skateboarding
übernommen ist die Noseroll 180°
ein anspruchsvollerer Basictrick.
Sie ist auch eine gute Vorbereitung auf Airs to Fakie über
Schanzen. Angefahren wird in
gebeugter Grundstellung, anfangs mit mäßigem Tempo.
Durch Körpergewichtsver-
lagerung nach vorne und
gleichzeitige Streckung
der Beine wird das Tail
aus dem Schnee geho-
ben. Dabei erfolgt eine
Oberkörperrotation in
Schwungrichtung.
Das Board dreht auf
der Nose und folgt
der Oberkörper-
rotation. Die
Drehung wird
bis zu 180°

weitergeführt. Beide
Beine werden wieder
gleichmäßig belastet,
das Board setzt im
Schnee auf. Durch
Tiefgehen wird der
Schwung abgefangen.

Tailroll 180°

Ebenfalls ein Skateboard-Kickturn und anspruchvolleres Basicmanöver dient die Tailroll 180° zur Vorbereitung auf fakie angefahrene 180°-Airs über Schanzen. Man fährt mit gebeugter Haltung fakie in der Fallinie an. Durch Körpergewichtsverlagerung auf das hintere Bein und gleichzeitige Körperstreckung wird die Nose aus dem Schnee gehoben. Dabei erfolgt eine Oberkörperrotation in Schwungrichtung. Das Board dreht über das Tail und folgt der Oberkörperrotation. Die Drehung wird bis zu 180° weitergeführt. Beide Beine werden nun

wieder gleichmäßig belastet, das Board setzt im Schnee auf. Durch Tiefgehen wird der Schwung abgefangen.

Ollie

Dieses anspruchsvolle Manöver, das vom Skaten kommt, ist ebenfalls ein begehrter Trick beim Snowboarden. Da jedoch beim Snowboarden beide Beine am Board fixiert sind, hat er nicht den technischen Schwierigkeitsgrad, den er beim Skaten hat. Der Ollie eignet sich hervorragend dazu, um selbst aus einem kleinen Buckel noch einen hohen Air herauszuspringen. Der Ollie wird in tiefer Grundstellung angefahren. Während der Anfahrt wird das Körpergewicht zunehmend auf das hintere Bein verlagert. Durch explosives Strecken der Beine wird das Board entlastet. Man zieht das vordere Bein an und reißt die Nose nach oben. Durch kräftigen Abdruck des hinteren Beines über das Tail und gleichzeitigem Hochreißen der Arme wird der Absprung verstärkt. Für ausreichende Höhe sorgt ein maximales Anziehen beider Beine und gleichzeitiges Vorbeugen des Oberkörpers. Das Board beginnt sich im höchsten Punkt flachzustellen. Die Landung erfolgt mit gleichmäßiger Belastung beider Beine und wird durch Tiefgehen dosiert abgefangen.

Airs über die Schanze

Erste Grundvoraussetzungen für einen perfekten Sprung sind ein sicherer Absprung und eine sichere Landung. Deshalb muß es am Anfang für die ersten Versuche nicht gleich eine Flugschanze sein. Ein kleiner Buckel reicht für die ersten Absprung- und Landeversuche aus. Mit zunehmender Sicherheit erreicht man die gewünschte Höhe von selbst. Die Schanze wird in gebeugter Grundstellung angefahren. Die Arme sind dabei seitlich vor dem Oberkörper ausgebreitet. Der Blick ist auf die Schanze gerichtet. Der Absprung erfolgt mit einem gleichmäßigen, dosierten Abdruck beider Beine. Je nach Schanzenkick werden die Beine entweder ganz durchgedrückt (flache Absprungstelle) oder weiterhin gebeugt gehalten (steile Absprungstelle). Ein Hochreißen der Arme kann den Absprung unterstützen. Vor jeder Landung werden die Beine etwas gestreckt, um den folgenden Aufsprung mit einem Tiefgehen abfedern zu können. Das Board sollte dabei parallel zur Flugrichtung ausgerichtet sein. Die Arme werden zur Balance seitlich vor dem Oberkörper ausgebreitet.

Backscratcher

Neben dem Ollie ist der Backscratcher der nächste Sprung, den man lernen sollte. Er ist einer der wenigen Sprünge, die nicht vom Skateboarding abstammen. Dieser Trick wurde vom Skifahren übernommen. Je nach Bogenspannung und Abwinkeln der Beine kann man den Sprung unterschiedlich stylen. Man springt mit gleichmäßigem Abdruck beider Beine vom Schanzentisch ab. Die Unterschenkel werden gleichzeitig zum Gesäß hin seitlich angewinkelt. Die vordere Hand greift auf Höhe der vorderen Bindung zum Board. Die Lauffläche des Boards steht nun senkrecht in der Luft. Die maximale Bogenspannung ist erreicht. Zur Landung wird das Board aus der Hand freigegeben und die Beine durchgestreckt. Der Blick ist auf die Landestelle gerichtet. Ein Tiefgehen in den Knien fängt den Druck bei der Landung ab. Die Arme bleiben zum Balancieren ausgebreitet.

Slob Air

Der Slob Air ist ein Basictrick im Snowboard-Air-Programm. Bei ausreichender Höhe kann er extrem getweakt werden. Wie beim Ollie erfolgt auch hier ein starker Abdruck beim Absprung über das Tail. Das vordere Bein wird angezogen und die Nose zum Oberkörper herangeholt. Unter Eindrehen der vorderen Schulter greift die vordere Hand zur Nose. Sie zieht das Board an der Frontsidekante zum Körper. Das hintere Bein ist dabei ganz gestreckt. Durch Bogenspannung und eine gleichzeitige Körpervorlage wird eine stabile Flugphase erreicht. Für die Landung wird das vordere Bein wieder etwas gestreckt. Beide Beine werden bei der Landung gleichmäßig belastet. Tiefgehen fängt den Aufprall der Landung ab. Zum Ausbalancieren sind die Arme seitlich vor dem Körper zu halten.

Tailgrab

Der Tailgrab kann durch viele Griffvarianten im Tailbereich unterschiedlich gestylt werden und sollte ebenfalls zum Grundprogramm des Freestylers gehören. Die einfachste Griffvariante ist der hier gezeigte Grab auf der Frontsidekante im Tailbereich. Der Absprung erfolgt aus leicht gebeugter Grundstellung heraus. Der Oberkörper wird etwas zurückgeneigt und die Beine gestreckt. Durch Anziehen des hinteren Beines wird die Nose nach unten, das Tail nach oben zum Körper hin bewegt. Die hintere Hand wird Richtung Tail geführt, greift die Frontsidekante und zieht das Tail zur Hüfte. Der Blick ist dabei auf die Landestelle gerichtet. Das Board wird wieder losgelassen und flachgestellt. Der Körper wird gestreckt und die Landung vorbereitet. Tiefgehen bei der Landung fängt den Aufprall ab.

Backside Tweak Air

Der wohl am meisten publizierte Air in der Snowboardhistory ist der Backside Tweak Air, auch Tweaked Backside Air genannt. Auch dieser Sprung kommt aus dem Skaterlager. Er gehört auf jeden Fall ins Programm. Durch das Tweaken (Verdrehen) des Körpers kann der Sprung extrem gestylt werden. Nach Anfahrt in gebeugter Grund-stellung werden die Beine beim Absprung gestreckt. Das Kör-pergewicht wird leicht zum Tail verlagert, gleichzeitig das vor-dere Bein leicht ange-zogen, um die Nose Richtung Körper zu bringen. Die vordere Hand ergreift die Nose auf der Back-sidekante. Das Board wird vor dem Körper gehalten. Die Hand zieht die Nose vor dem Körper schräg nach vorne unten. Die getweakte Position ist erreicht. Mit Blick zur voraussichtlichen Landestelle wird das Board durch Anziehen der Beine unter den Körper gebracht. Durch Tiefgehen wird der Aufprall abge-fangen.

Tuck Knee

Für den Tuck Knee ist eine hohe Bewegungsfreiheit des hinteren Beines erforderlich. Die hintere Bindung sollte deshalb sehr locker eingestellt werden.

Der Absprung dieser Stylevariante eines Basic Frontside Airs erfolgt gleichmäßig von beiden Beinen. Die Beine werden angezogen und das Board mit der hinteren Hand zwischen den Bindungen an der Frontsidekante gegriffen. Das Becken wird vorgeschoben und gleichzeitig das hintere Knie maximal gegen die vordere Bindung gedrückt. Zur Landung wird das Board losgelassen, direkt unter den Körper gebracht und die Hockstellung aufgegeben. Durch Tiefgehen wird der Aufprall abgefedert.

Iguana Backflip

Der von Damian Sanders kreierte Sprung ist eine Kombination aus einem Rückwärtssalto mit einem Nosebone. Der spektakuläre Trick wird gern in Filmen gezeigt, kann jedoch sehr gefährlich sein und sollte erst nach sicherem Beherrschen des einfachen Backflips geübt werden. Von Anfang an wird dieser Sprung mit hohem Tempo angefahren, um eine möglichst lange Rotationszeit zu bekommen. Die Rückwärtsrotation wird bereits durch einen starken Absprung über das Tail sowie durch Indie-Knie-Gehen und eine ruckartige Körpergewichtsverlagerung nach hinten eingeleitet. Der Oberkörper neigt sich zum Tail hin. Nun erfolgt während der Rotation der Bewegungsablauf des Nosebones. Die hintere Hand greift ungefähr auf Höhe der hinteren Bindung

zur Frontsidekante.
Das vordere Bein wird
dadurch automatisch
geboned. Mit dem
Oberkörper wird nun
so weit wie möglich
rückwärts gebeugt.
Wie beim Rückwärts-
salto üblich, ist der
Kopf extrem in den
Nacken gelegt. Der
Boden wird bereits
anvisiert, um die noch
vorhandene Höhe
abzuschätzen. Das
Board wird von der
hinteren Hand los-

gelassen, die Beine
angezogen und die
Saltobewegung vollen-
det. Durch Strecken
des Körpers wird ein
Weiterrotieren verhin-
dert und das Board
plan zur Landung auf-
gesetzt. Anschließen-
des Tiefgehen dämpft
den Aufsprung.

Halfpipe

Ready for take-off

Die zweifellos spektakulärste Form des Snowboardings ist das Fahren in der Halfpipe. Der Nervenkitzel und das Spiel mit der Schwerkraft sind der ständige Reiz dieser Variante, bei der der Adrenalinsüchtige voll auf seine Kosten kommt. Deshalb ist es auch nicht verwunderlich, daß immer mehr Snowboarder diese scheinbare Schwerelosigkeit in der Luft erleben möchten. Tricks, die schon beim Zuschauer ein Kribbeln in der Magengegend erzeugen, gehören zum Standardprogramm. Halfpipe besteht jedoch nicht nur aus Spannung und Nervenkitzel, sondern verlangt vom Snowboarder auch die entsprechende Kondition und eine ausgeprägte Koordination. Der Weg hoch in die Lüfte ist nur durch viel Geduld und Übung erreichbar. Der Einsteiger sollte sich deshalb nicht von anfänglichen Mißerfolgen entmutigen lassen, denn auch hier gilt: mit einfachen

Tricks beginnen und die Schwierigkeiten langsam steigern. Der Anfänger muß sich darüber im klaren sein, daß Stürzen dazugehört und deshalb sicheres Fallen Grundvoraussetzung ist. Beherrscht man die Sturztechnik (siehe S. 30) ist das Fahren in der Vertikalen bei weitem nicht so gefährlich wie es aussieht.

Der Halfpipewettbewerb hat sich in den letzten Jahren zur herausragenden Wettkampfdisziplin der Freestyler entwickelt. Die Halfpipe wird halbröhrenförmig mit einem Neigungswinkel von 11° bis 22° in der Fallinie angelegt. Die Innenwände (Walls) sind konkav bis senkrecht, der Boden (Flat) bleibt flach. Jeder Läufer zeigt den Kampfrichtern (Judges) eine Kür. Je nach Reglement besteht die Finalqualifikation für Damen und Herren aus mehreren Läufen. Die

Teilnehmerzahl für das Finale ist ebenfalls vom Reglement abhängig. Das Finale wird in zwei bis drei Läufen ausgetragen. Schwierigkeitsgrad, Höhe und Variation der Sprünge, Präzision der Ausführung und individueller Stil sind ausschlaggebend für die Bewertung. Feste Einstufungen der Tricks nach Schwierigkeitsgraden und Technik existieren bisher nicht und sollten auch nicht entwickelt werden, da die Individualität dieser Disziplin sonst verloren ginge!

Bevor die ersten Airs in der Halfpipe gesprungen werden, ist es wichtig, daß der Snowboarder ein Fahrgefühl für diese Röhre entwickelt. Das sichere Abfahren der Wände in Kurven sollte die erste Übung sein. Die Kurvenradien werden dabei klein gehalten, um das Tempo zu kontrollieren. Gefahren wird in

gebeugter Grundstellung. Die Kurven werden durch leichtes Hochentlasten des Boards eingeleitet. Das Board folgt dem Verlauf der Wall und wird solange gedreht, bis die Nose wieder in den flachen Teil der Pipe zeigt.

Bei der zweiten Übung fährt man in gebeugter Grundstellung die Wall hoch, bis die Nose über die Coping zeigt. Durch rasches Beinstrecken wird von der Wall abgesprungen. Nach der Drehung des ganzen Körpers zur Transition hin folgt das Board. Mit Blick zur Landung wird der Aufsprung durch Tiefgehen abgefedert.

Nachfolgend wird eine Reihe der wichtigsten Halfpipetricks beschrieben, die sich in Airs, Inverts und Spin-Tricks unterscheiden lassen. Frontside und Backside werden als Anfahrtsrichtung des einzelnen Tricks betrachtet (Frontside: Absprung von der Frontsidekante; Backside: Absprung von der Backsidekante).

Frontside Airs

Frontside Air

Der Frontside Air ist neben dem Backside Air der Basissprung für alle weiteren Tricks. Kein Weg führt an diesem von Tony Alva im Skateboarding kreierten Air vorbei. Für den Anfänger ist er der optimale Einstieg, da der Absprung auf der Frontsidekante einfacher ist. Vom Könner gesprungen, beeindruckt dieser Sprung durch seine Höhe und Weite.

Die Wall wird in gebeugter Grundstellung angefahren. Kurz vor Erreichen der Coping drückt man sich durch aktives Strecken der Beine von der Frontsidekante (Bergkante) ab. Das Board wird durch Anziehen der Beine zum Körper geführt. Die hintere Hand wird zur Frontsidekante geführt und greift zwischen den Bindungen das Board. Durch die von der Wall vorgegebene Flugbahn und leichte Körperinnenlage dreht die Nose in Richtung Transition. Das Board wird losgelassen, durch Strecken der Beine die Landung vorbereitet und der Blick auf die Lande stelle gerichtet. Durch Tiefgehen wird die Landung abgefedert.

Frontside Airs

Crossbone Lean Air

Aus dem von Neil Blender entwickelten Skateboardtrick haben sich im Snowboarding mehrere Stylevarianten zum Lean Air entwickelt. Man kann diesen Trick normal, nosebone, method oder wie hier gezeigt crossbone springen. Angefahren wird in gebeugter Grundstellung. Um die entsprechende Höhe zu bekommen und damit das Tail nicht an der Coping hängen bleibt, sollte eine steile Anfahrt gewählt werden. Kurz vor Erreichen der Coping werden die Beine gestreckt und von der Frontsidekante abgesprungen. Das vordere Bein wird angezogen, gleichzeitig die vordere Hand auf Seite der Backsidekante zur Nose geführt und dort das Board gegriffen. Der Oberkörper geht in eine seitliche Bogenspannung. Der vordere Arm drückt die Nose vom Körper weg. Diese getweakte Stellung kann bei ausreichender Höhe bis zum höchsten Punkt der Flugbahn gehalten werden. Zur Landung wird die Bogenspannung aufgelöst, wobei der Oberkörper gebeugt ist. Durch Anziehen der Beine wird das Board wieder zentral unter den Körper gebracht. Die vordere Hand gibt das Board frei. Eine leichte Beinstreckung leitet die Landung ein. Der Aufsprung in der Transition wird durch Kniebeugung abgefangen.

Frontside Airs

Frontside Nosebone

Der Frontside Nose-
bone ist sowohl ein
Basic Frontside Air als
auch eine Stylevarian-
te des normalen
Frontside Airs. Die
Wall wird in gebeug-
ter Grundstellung
angefahren. Kurz vor
der Coping erfolgt der
Absprung von der
Frontsidekante. Das
Körpergewicht wird
auf das hintere Bein
verlagert und dieses
leicht angezogen. Das
vordere Bein wird
dagegen nach vorne
gestreckt. Die hintere
Hand greift nun zwi-
schen den Bindungen
zur Frontsidekante
und zieht das Board
so weit wie möglich
zum Körper. Das
hintere Bein ist dabei
maximal angezogen,
das vordere maximal
gestreckt. Durch
Anziehen des vorde-
ren Beines wird das
Board wieder zentral
unter den Körper ge-
bracht. Der Aufsprung
in der Transition wird
durch Tiefgehen abge-
federt.

Frontside Airs

Chicken Salad

Als eine Stylevariante des Frontside Nose-bone beeindruckt dieser Trick durch einen schwierigen Grab, der zuerst am Boden geübt werden sollte. Mit der vorderen Hand wird von vorne durch die Beine zur Back-sidekante gegriffen. Die Wall wird in gebeugter Grundstel-lung steil angefahren um die benötigte Höhe für das Stylen des Tricks zu erreichen. Kurz vor der Coping erfolgt der kräftige Abdruck über Front-sidekante und Tail. Sofort nach dem Ab-sprung geht die hintere Hand zwischen den Beinen in Rich-tung Backsidekante.

Durch Anziehen des hinteren Beines wird das Board nahe zum Körper gebracht. Mit Greifen der Backside-kante zwischen den Bindungen wird gleichzeitig auf Zug der hinteren Hand das vordere Bein gestreckt und das Board nach vorne geschoben. Der Oberkörper ist dabei maximal nach vorne gebeugt. Zur Landung darf die Nose nicht hinter der Coping sein, um keinen Hang Up zu riskieren! Durch Anziehen des vorde-ren Beines wird das Board zentral unter den Körper gebracht und die hintere Hand vom Board gelöst. Die Landung wird durch Tiefgehen abgefangen.

Backside Airs

Mute Air

Der Mute Air eignet sich hervorragend als Einstiegstrick zum Erlernen von Backside Airs in der Halfpipe. Das Board bleibt dabei fast in der normalen Flugbahn und wird nicht gegengestylt. Bei Anfahrt der Wall in gebeugter Grundstellung kann der Winkel beliebig gewählt werden. Nach kräftigem Absprung von der Backsidekante wird das vordere Bein angezogen, um die

Nose näher zum Körper zu bringen. Die vordere Hand greift an die Frontsidekante der Nose, welche nun zum Körper hergezogen wird. Das hintere Bein wird dabei ganz gestreckt. Zur Landung läßt man das Board los und bringt es durch Anziehen beider Beine zentral unter den Körper. Mit Blick auf die Landestelle wird der Aufsprung vorbereitet durch Tiefgehen sicher abgefedert.

Backside Airs

Method Air

Als weiterer Skate-boardtrick, sollte dieser Klassiker im Programm des Snowboarders ebenfalls nicht fehlen. Je nach individuellem Stil wird dieser Trick häufig mit einem getweakten Backside Air verwechselt. Deshalb sollte bei diesem Air eine deutliche Table-Top-Stellung des Boards in der Stylephase erkennbar sein. Korrekt gesprungen sorgt dieser Trick durch seine Höhe und Weite immer für Aufsehen. Um eine weite Flugbahn zu bekommen, darf die Wall nicht zu steil angefahren werden. Aus gebeugter Grundstellung heraus wird über Backsidekante und Tail dynamisch abgesprungen. Der Körper neigt sich nach dem Absprung auf die Frontside. Durch Anziehen der Beine wird das Board zum Körper gebracht. Die vordere Hand ergreift die Frontsidekante im Nosebereich. Durch Strecken der Beine und gleichzeitigen Zug des Boards durch die vordere Hand zum Körper hin wird eine maximale Bogenspannung des Körpers erreicht. Das Board ist nun in der Table-Top-Stellung. Der Körper befindet sich in nahezu horizontaler Lage. Zur Landung werden die Beine angezogen, das Board zentral unter den Körper gebracht und der Oberkörper stark nach vorne gebeugt. Die Hand gibt das Board zur Landung frei. Tiefgehen federt die Landung ab.

Backside Airs

Tai Pan

Der Tai Pan fällt durch seinen ausgefallenen Grab auf. Dieser unterscheidet ihn auch vom – bei den Schanzentricks gezeigten – Tuck Knee. Die Anfahrt erfolgt wie beim Mute Air. Ein kräftiger Abdruck vom hinteren Bein sorgt für die ausreichende Höhe, die ein komplizierter Grab benötigt. Direkt nach dem Absprung werden die Beine während der

Steigphase angezogen und das Board näher zum Körper gebracht. Gleichzeitig greift die vordere Hand zwischen den Bindungen von hinten zur Frontsidekante. Durch Zug des Boards der Hand gegen die Beine wird der Sprung gestylt. Vor der Landung wird die Hand gelöst und der Körper leicht aufgerichtet. Das Board befindet sich unter dem Körper. Tiefgehen bei der Landung.

Backside Tailgrab

Dieser Skateboardtrick wurde erst in der vergangenen Saison häufiger in den Snowboardhalfpipes gezeigt. Nach einem kräftigen Absprung aus der Grundstellung über die Backsidekante werden die Beine angezogen. Das Board gelangt dadurch näher zum Körper und wird dann mit der hinteren Hand am Tail gegriffen und noch näher zum Körper hochgezogen. Das hintere Bein winkelt automatisch weiter ab, das vordere wird aktiv gestreckt (geboned). Um die Gewichtsverlagerung Richtung Tail auszugleichen, ist der Oberkörper stark nach vorne gebeugt. Durch Anziehen des vorderen Beines wird das Board unter den Körper gebracht. Der Grab wird aufgelöst, das Board durch leichte Beinstreckung auf der Transition aufgesetzt. Tiefgehen dämpft den Aufprall.

Backside Airs

Airs to Fakie

Backside Tweak to Fakie

Ein fakie gelandeter Air wird in den meisten Fällen auf der Frontside Wall ausgeführt, da so die Anfahrt und die schwierige Fakie-Landung auf der sicheren Frontsidekante erfolgen. Der Air muß demnach wie ein Backside Air gestylt werden. In gebeugter Grundstellung wird die Wall auf der Frontsidekante angefahren. Mit einer kräftigen Körperstreckung erfolgt der Absprung über die Frontsidekante. Die Coping sollte, wenn möglich, während des ganzen Sprungs im Auge behalten werden. Das vordere Bein wird leicht angezogen, um die Nose näher zum

Bei diesen Tricks wird die Wall vorwärts angefahren und rückwärts gelandet. Sie sind jedoch nicht zu verwechseln mit Fakie Airs, die rückwärts angefahren und vorwärts gelandet werden. Nahezu alle Tricks können »to fakie« gelandet werden. Es wird daher hier nur ein Trick dieser Form vorgestellt. Voraussetzung ist das sichere Beherrschen vom Rückwärtsfahren auf der Piste. Ebenfalls eine gute Vorübung ist die Noseroll 180°.

Körper zu bringen. Die vordere Hand greift nun zur Frontsidekante der Nose und zieht diese unter gleichzeitigem Strekken des hinteren Beines vor den Körper. Die getweakte Position ist erreicht. Nach dem Umkehrpunkt wird die getweakte Stellung aufgelöst. Die Beine werden angezogen, das Board wird losgelassen, zentral unter den Körper gebracht und der Blick auf die Coping gerichtet. Das Körpergewicht ist gleichmäßig auf beide Beine verteilt. Die Beine werden leicht gestreckt und so das Board in der Transition aufgesetzt. Sofort wird durch Tiefgehen die Frontsidekante belastet und der Aufprall abgefangen.

Inverts

Unter Inverts versteht man alle Sprünge in der Halfpipe, bei denen der Kopf während des Tricks kurzzeitig tiefer liegt als das Board.

HoHo Plant Backside

Dieser Handplant stammt ebenfalls vom Skaten, wird jedoch dort nur zum Spaß gefahren und nicht zum offiziellen Programm gezählt. Im Snowboarden ist er der Einstieg zum Erlernen der »richtigen« Handplants. Ein sicheres Landen mit den Händen auf Höhe der Coping sollte das Ziel sein, um nicht in die Transition abzurutschen. Steile Walls und extrem steiles Anfahren der Wall erleichtern die Tricks. Die Backside Wall wird mit leicht gebeugten Beinen angefahren. Der Oberkörper wird leicht zum Tail hin verlagert. Hat die Nose die Coping erreicht, reißt man den Oberkörper ruckartig zum Tail.

Der Blick ist auf die vorgesehene Landestelle für die Hände gerichtet. Das Board wird über das Tail so kräftig wie möglich von der Coping abgedrückt. Die Arme und Beine werden bei Erreichen des Handstands ganz gestreckt. Zur Landung sind die Beine in der Hüfte abzuwinkeln, um das Board nahe zum Körper zu bringen. Mit kräftigem Abdruck aus den Händen erreicht man eine aufrechte Position. In gebeugter Grundstellung wird aus der Transition gefahren.

Andrecht Handplant

Diese Handplantvariation wurde von dem amerikanischen Skater Dave Andrecht kreiert. Als Voraussetzung sollte der Hoho Handplant beherrscht werden. Die Pipe darf nicht zu eisig und nicht zu weich sein, da man beim Landen auf einer Hand leicht abrutschen kann. Die Backside Wall wird extrem steil angefahren. Hat die Nose die Coping erreicht, wird der Oberkörper ruckartig zum Tail bewegt. Das Board schießt über die Coping hinaus, der Oberkörper bewegt sich nach unten. Der hintere Arm streckt sich zur Coping hin, während die vordere Hand zur Backsidekante in Richtung Nose geht.

Der hintere Arm stützt sich gestreckt an der Coping ab. Ist das Board genau über dem Fahrer und der Ruhepunkt erreicht, werden die Beine leicht abgewinkelt und das Board mit der vorderen Hand gegriffen. In dieser Stellung wird der Trick möglichst lange gestylt. Durch einen Hüftknick und Loslassen der Backsidekante wird das Board rasch unter den Körper gebracht. Hat das Board wieder Schneekontakt, erfolgt der Abdruck der hinteren Hand von der Coping. In gebeugter Stellung fährt man aus der Transition.

Inverts

Miller Flip

Bei diesem Trick handelt es sich ebenfalls um eine Handplantvariation vom Skaten, die der Amerikaner Darrel Miller entwickelte. In Verbindung mit dem nachfolgend beschriebenen Elguerial ist der Miller Flip eine der anspruchsvollsten Sprungkombinationen. Auch für diesen Trick ist eine Wall mit viel Vert von Vorteil. Nach steiler Anfahrt der Frontside Wall in gebeugter Grundstellung wird der Oberkörper bei Erreichen der Coping ruckartig zum Tail geführt. Der vordere Arm streckt sich zur Coping hin aus. Das Board wird durch kräftigen Abdruck vom Tail über die Coping geschleudert und so der hinteren Hand entgegenge-

Inverts

100

führt. Während nun die vordere Hand gegen die Coping stemmt, greift die hintere Hand zwischen den Bindungen zur Frontsidekante. Die Beine sind gestreckt und der Trick kann in der nun erreichten Ruhestellung möglichst lange gestylt werden. Das Board wird über dem Fahrer durch eine Hüftdrehung mit dem Tail zur Transition hin gedreht. Durch Anziehen der Beine und gleichzeitiges Abknicken in der Hüfte wird das Board unter den Körper gebracht. Die hintere Hand läßt die Frontsidekante los. Durch kräftigen Abdruck der vorderen Hand von der Coping erreicht man wieder eine aufrechte Stellung und fährt to fakie in die Transition.

Elguerial

Dieser Trick ist vergleichbar mit einem fakie angefahrener 360° Handplant. Auch der Elguerial ist ursprünglich ein Skatertrick, der nach seinem Erfinder Eddie Elguera benannt wurde. Angefahren wird die möglichst steile Wall auf der Frontsidekante in fakie. Der Abdruck erfolgt diesesmal nach einem ruckartigen Verlagern des Oberkörpers zur Nose hin. Das Board wird über die Coping geschleudert. Die hintere Hand (bei fakie die vordere) stemmt gegen die Coping. Die Beine und das Board drehen bis zur höchsten Stelle weiter. 180° sind bereits gedreht. Die Beine werden etwas abgewinkelt, wobei die vordere Hand zur Backsidekante der Nose greift. Das Board wird von der vorderen Hand freigegeben, durch einen Hüftknick und Anziehen der Beine zentral unter den Körper gebracht. Der Körper wird durch kräftigen Abdruck der hinteren Hand von der Coping aufgerichtet. In gebeugter Stellung wird dann sicher in die Transition eingefahren.

Inverts

Spin Tricks

Das charakteristische Merkmal dieser Tricks sind Drehungen um die Längs- und Querachse. Drei Beispiele davon werden hier näher vorgestellt.

Frontside 360° Nosebone

Der Frontside 360° bildet die Basis für alle übrigen Rotation Airs und sollte deshalb sicher beherrscht werden. Als Vorübung sind 180°-Airs über Schanzen empfehlenswert. Neben der hier abgebildeten Version gibt es noch unzählige andere Grabvarianten bei diesem Trick. Vorsicht bei der Landung auf Fakie! Sie sollte von der Schwierigkeit nicht unterschätzt werden. Zum Anfang fährt man die Wall recht flach an, um

vollständige 360°-Drehungen vorerst zu vermeiden. Der Absprung erfolgt mit beiden Beinen gleichmäßig von der Frontsidekante. Der Kopf wird in Rotationsrichtung (nach Backside) mit dem Oberkörper vorgedreht. Das hintere Bein wird angezogen und so das Board dem Körper näher gebracht. Die hintere Hand greift zur Frontsidekante auf Höhe der hinteren Bindung. Das vordere Bein wird geboned. Das Board folgt der weiteren Vordrehung des Oberkörpers. Abhängig von der erreichten Höhe läßt sich die Drehung durch früheres Anziehen der Beine beschleunigen oder die Stellung geboned noch länger halten. Die hintere Hand läßt das Board los, das vordere Bein wird angezogen und so das Board wieder zentral unter den Körper gebracht. Der Oberkörper ist zum Tail hin gedreht, um die Fakielandung vorzubereiten. In zentraler Stellung wird der Aufsprung durch Tiefgehen abgefedert.

Spin Tricks

Frontside 540°
Leangrab

Aufgrund der längeren Drehung ist bei diesem Trick eine höhere Rotationsgeschwindigkeit und mehr Höhe als beim 360ty erforderlich. Unzählige Grabvarianten steigern den Schwierigkeitsgrad dieses Tricks. Sowohl der 360ty als auch der 540ty kön-

nen auch auf Backside gesprungen werden, sind jedoch wegen der ungewohnten Gewichtsverlagerung schwieriger zu fahren. Auch hier empfiehlt sich ein flacher Anfahrtswinkel der Wall. Schon kurz vor dem Absprung werden Kopf und Oberkörper in Rotationsrichtung (Backside) stark vorgedreht. Das Board folgt nach dem Absprung der Vordrehung des Oberkörpers.

Die Beine werden abgewinkelt, das Board nähert sich dem Körper. Mit der vorderen Hand wird die Frontsidekante der Nose gegriffen und so zum Körper gezogen. Die Rotation beschleunigt nochmals. Der Grab wird aufgelöst, das Board durch Anziehen zentral unter den Körper gebracht und die Landestelle anvisiert. In der letzten Phase der Drehung ist es wichtig, über dem Board zu bleiben und nicht in Rücklage zu kommen! Beim Aufsprung tiefgehen

107

McTwist

Zu den derzeit schwierigsten Tricks in der Snowboardhalfpipe zählt der von Mike McGill entwickelte Skateboardtrick. Nur wenige Snowboarder beherrschen diesen Trick technisch perfekt. Mit hohem Tempo wird die Backside Wall steil angefahren. Bei Erreichen der Coping wird der Oberkörper zur Frontside hin und die vordere Schulter in Richtung Tail eingedreht. Durch starken Abdruck vom Tail wird das Board über die Coping geschleudert, die Beine werden angehockt. Die vordere Hand greift in Höhe der vorderen Bindung zur Frontsidekante. Der Körper wird noch extremer eingedreht. Es erfolgt sowohl eine Rotation um die Körperlängsachse (schraubenähnlich), als auch eine Rotation um die Körperquerachse (Salto). Nur die extrem gehockte Stellung gibt der Bewegung ausreichend Rotationsgeschwindigkeit. Bei Öffnen des Körpers wäre der Absturz vorprogrammiert! Der Griff wird gelöst, die enge Hockstellung jedoch solange beibehalten, bis

sich das Board zentral
unter dem Körper
befindet. Die Landung
wird durch Tiefgehen
abgefedert und kann
mit den Händen
korrigiert werden.

Spin Tricks

Man sollte sich nun nicht über-
schätzen und auf jeden Fall den
Grundsatz befolgen, daß ein
sehr gut gestylter einfacher
Air mehr vom Können zeigt
als beispielsweise ein ver-
korkster Flip.

Freeriding

Naturerlebnis total –
aber nicht zu Lasten der Natur

Die wohl einzigartigste Form des Snowboardings ist das Freeriding. Tiefschneefahren, der Traum für jeden Snowboarder, wird beim Freeriding zur Wirklichkeit. Soulsurfing ist das Stichwort. Der Individualist findet hier seine Erfüllung. Weite Tiefschneehänge und die Grenzenlosigkeit der winterlichen Bergwelt werden zu unvergeßlichen Momenten. »Back to the roots!« Das »Hiking« erlebt, so banal es klingen mag, seinen zweiten Frühling. In Amerika schon längst zur Lebenseinstellung vieler Snowboarder geworden, gehen nun auch Snowboarder in Europa diesen Weg. Freeriding gibt jedem die Möglichkeit, neue Natureindrücke zu sammeln. Nicht nur das Surffeeling ist dabei ausschlaggebend. Absolute Ruhe und grenzenlose Freiheit treten hier in unbeschreibbarer Form zu Tage. Mit einer kleinen Gruppe steigt der Snowboarder, ähnlich dem Skitourengeher, in das hochalpine Paradies auf. Zum Aufsteigen werden meistens Schneeschuhe oder teilbare Boards, die zum Aufstieg als Ski benutzt werden können, verwendet. Bei Touren über Gletschergebiete ist eine Seilschaft erforderlich. Achtung! Wie für Skitouren, wird auch beim Tourengehen mit dem Snowboard alpine Erfahrung vorausgesetzt! Fehlt die Erfahrung und Kenntnis über das Gelände, sollte nur mit Bergführer gegangen werden.

Damit Snowboarden die ohnehin schon ramponierte Natur nicht noch weiter zerstört, hat sich jeder Snowboarder an bestimmte Regeln zu halten. Die folgenden Punkte geben Denkanstöße zum Thema Umweltschutz im Wintersport. Nehmen wir diese nicht ernst, gehört der Gleitgenuß vielleicht schon bald wieder der Vergangenheit an.

○ Energiesparend in das Wintersportgebiet anreisen
○ Markierungen und Hinweise beachten
○ Wälder nur auf gekennzeichneten Pisten und Wegen durchqueren
○ Aufforstungs- und Jungwuchsflächen nicht befahren
○ Junge Einzelbäume schonen
○ Bodenvegetation bei geringer Schneeauflage nicht beschädigen
○ Nicht über unberührte Hänge abfahren, wenn Wildtiere dabei gestört werden
○ Fernbleiben von Wildfütterungen
○ Abfall mit nach Hause nehmen
○ Lärm vermeiden.

Nicht selten kommt diese Art des Snowboardens durch Unwissenheit und Leichtsinnigkeit vieler Snowboarder in Verruf! Deshalb sollte das Freeriding an dieser Stelle nicht mit dem gedankenlosen Verlassen von markierten Pisten verwechselt werden! Vielmehr muß der Freerider jede Kleinigkeit eigenverantwortlich planen und jede Aktion genau bedenken. Denn nur die eigenen Entscheidungen bestimmen den Grad der Sicherheit und der Erlebnisse. Folgende Punkte sind beim Freeriding unbedingt zu beachten:
○ Bei Unerfahrenheit nur mit Führer aufsteigen
○ Mindestens in einer Dreiergruppe aufsteigen
○ Die örtlich aktuellen Lawineninformationen einholen
○ Informationen über geplanten Routenverlauf hinterlassen
○ Bei jeder Tour unbedingt ein Verschütteten-Suchgerät mitführen
○ Eigenen Wissensstand verbessern (Lawinenkurs belegen, Literatur)
○ Rücksichtnahme auf Wald und Wild.

Nur unter Beachtung der oben genannten Punkte wird Freeriding zum Erlebnis und nicht zum lebensgefährlichen Ritt!

Die FIS-Verhaltensregeln

Wie für alle Pistenteilnehmer gelten auch für den Snowboarder die zehn FIS-Verhaltensregeln. Hier allerdings ist die Originalfassung für den Skifahrer abgedruckt:

1 **Rücksicht auf die anderen nehmen**
Jeder Skifahrer muß sich stets so verhalten, daß er keinen anderen gefährdet oder schädigt.

2 **Beherrschung der Geschwindigkeit und der Fahrweise**
Jeder Skifahrer muß Geschwindigkeit und Fahrweise seinem Können ebenso den Gelände- und Witterungsverhältnissen anpassen.

3 **Wahl der Fahrspur**
Der von hinten kommende Skifahrer muß seine Fahrspur so wählen, daß er vor ihm fahrende

Skiläufer nicht gefährdet.

4 **Überholen**
Überholt werden darf von oben oder von unten, von rechts oder von links, aber immer nur mit einem Abstand, der dem überholten Skifahrer für alle seine Bewegungen genügend Raum läßt.

5 **Pflichten des unteren und des querenden Skifahrers**
Jeder Skifahrer, der in eine Abfahrtsstrecke einfahren oder ein Skigelände queren will, muß sich zuvor nach oben und unten vergewissern, daß er dies ohne Gefahr für sich und andere tun kann.

6 **Verweilen auf der Abfahrt**
Jeder Skifahrer muß es vermeiden, sich ohne Not

an engen oder unübersichtlichen Stellen einer Abfahrtsstrecke aufzuhalten. Ein gestürzter Skifahrer muß eine solche Stelle so schnell wie möglich freimachen.

7 **Aufstieg**
Der aufsteigende Skifahrer darf nur den Rand einer Abfahrtsstrecke benutzen; er muß auch diese bei schlechten Sichtverhältnissen verlassen. Dasselbe gilt für den Skifahrer der zu Fuß absteigt.

8 **Beachten der Zeichen**
Jeder Skifahrer muß die Zeichen (Markierungen und Hinweisschilder) auf Abfahrtsstrecken beachten.

9 **Verhalten bei Unfällen**
Bei Unfällen ist jeder zur Hilfeleistung verpflichtet.

10 **Ausweispflicht bei Unfällen**
Jeder, ob Zeuge oder Beteiligter, ob verantwortlich oder nicht, muß bei einem Unfall seine Personalien angeben.

Links: Warn-, Verbots- und Gebots-
schilder. Leider sind die
Schilder international noch nicht
einheitlich.
Rechts oben: Gesperrt-Schilder, die unbedingt
beachtet werden müssen.
Rechts unten: Hinweis auf Pisten- und Not-
dienst

Wie geht's weiter?

Snowboarding hat in Europa eine Entwicklung erfahren, die von Anfang an durch Medien und Industrie beeinflußt war. Anstatt dem Sport die nötige Zeit für seine Entwicklung zu geben, stürzten sich Firmen auf den neuen Trendsport und vermarkteten ihn rücksichtslos für ihre Zwecke. Bestes Beispiel dafür ist die Entwicklung des Wettkampfsports. Von Industrie und Medien schnell aufgegriffen und als Werbeschlager erkannt wurden Veranstaltungen aufgebauscht durchgeführt. Eine Saison später ließen die gleichen Firmen den vermeintlichen Trendsport fallen. Chaos war das Ergebnis. Das Image des Profisports leidet teilweise stark unter der falschen Darstellung in den Medien. So werden beispielsweise Profiwettbewerbe angekündigt, bei denen ebenfalls Amateure starten dürfen. Nichts gegen Amateure, doch das Niveau des Profisports und damit die Werbung für das Snowboarden wird dadurch erheblich ver-

schlechtert. An diesen Überlastungssyndromen hat der Snowboardsport bis heute noch zu leiden. Mit der Gründung der PSA (Profi Snowboard Association), die sich für die Interessen der Profis einsetzen soll, wurde ein erster Schritt in die richtige Richtung gemacht. In den letzten zwei Jahren erhielt der Snowboardsport einen enormen Zuwachs. Viele junge Menschen, gerade aus den Städten, haben diese Sportart für sich entdeckt. Das Skateboarding – ein Sport, der in den Großstädten geboren wurde und die Snowboardgeschichte entscheidend mitbeeinflußt hat – ist an diesem erfreulichen Aufschwung maßgeblich beteiligt. Medien und Firmen haben dem Skateboarding jedoch ein Image verschafft, dem es keinesfalls gerecht wird. Der Lifestyle der Skater ist

nicht gleichzusetzen mit einer destruktiven und rebellischen Lebenseinstellung. Ein verhängnisvoller Fehler wird nun begangen, wenn man sich mit diesem Hardcore-Image in die freie Natur begibt. Es liegt überhaupt nicht im Interesse des Skateboard- und Snowboardsports, daß dieses Image von immer mehr jungen Leuten übernommen und jetzt auch noch in den Bergen zur Schau getragen wird. Eine Art Pseudo-Skateboard-Welle, die keinesfalls in den einschlägigen Kreisen der Skateboard und Snowboardszene akzeptiert wird, hat die Wintersportgebiete überflutet. Die wenigsten, die auf dieser Welle schwimmen, haben mit Skateboarding jemals etwas am Hut gehabt. Doch gerade dieser Personenkreis bringt beide Sportarten in Verruf!

Es ist selbstverständlich, daß sich der ältere Snowboardinteressierte nicht mit diesem Chaotentum identifizieren kann. Snowboarding ist in den Wintersportgebieten sicher nicht mehr wegzudenken. Soll das Ziel jedoch weiter verfolgt werden, aus dieser Sportart einen akzeptierten Breitensport zu machen, muß Snowboarding für jede Altersgruppe offenstehen. Ansonsten rollt die Sportart unweigerlich aufs Abstellgleis.

Die Tatsache, daß Snowboarding sich fest im alpinen Wintersport etabliert hat, täuscht jedoch nicht über das noch immer bestehende Problem zwischen Skifahrern und Snowboardern hinweg. Viele Snowboarder vergessen allzuhäufig, daß der Skifahrer schon lange vorher in den Bergen war und nicht umgekehrt. Rücksichtnahme und korrektes Verhalten auf den Pisten müßten daher für den Snowboarder, der immer noch als Minderheit gilt, eine Selbstverständlichkeit sein.

Kleines Lexikon

A

ABS: Schlagfestes Oberflächen- und Seitenwangenmaterial beim Snowboard.

Air: Sprung in der Halfpipe, über Kanten und Buckel.
Arch: Extreme Bogenspannung bei einem Air.

Asymmetricals: Asymmetrisch konstruierte Snowboards.

B

Back-Flip: Rückwärtssalto.
Backside: Allgemeiner Begriff für Fahrten und Sprünge, bei denen die Fersenkante belastet wird.

Backside Wall: Die Wand in der Halfpipe, die auf der Backsidekante angefahren wird.
Bail: Kontrollierter Sturz.
Banks: Extrem flache Halfpipewalls.

Bevel Kit: Keilförmige Bindungsunterlage.
Bone: Sprungstil, bei dem ein Bein angezogen und das andere gestreckt wird.
Buckle: Schnalle einer Softbindung.
Dumps. Duckel.

C

Canting-Keil: Metalloder Kunststoffkeil, der unter der Bindung angebracht wird, um anatomisch günstiger zu stehen.

Carve: Extremes Kurvenfahren auf der Kante.
Coping: Obere Kante der Halfpipe.
Contest: Wettkampf.
Cruise: Gemütliches, entspanntes Herumfahren.

Cut: Qualifikationsgrenze für das Finale in einem Wettbewerb.
Cut-Turn: Geschnittener Schwung, Kurve wird auf der Kante gefahren.

D

Downhill: Abfahrt.
Drop in: Ausdruck, daß man als nächster in die Halfpipe fährt.

Duck-Tape: Klebeband.

Edge: Kante.
**Effektive Kanten-
länge:** Bereich der
Kante, der tatsächlich
im Schnee greift.

Extension: Halfpipe-
segmente, die höher
sind als der Rest.

Fakie: Rückwärts-
fahren.
Fallinie: Gedachte
kürzeste Verbindungs-
linie zwischen dem
höchsten und dem
tiefsten Punkt eines
Hanges.
FIS: Fédération Inter-
nationale de Ski,
internationaler Skiver-
band.

Flat: Ebene Fläche
zwischen den Wänden
der Halfpipe.
Flex: Biegeverhalten
von Board, Bindung
und Stiefeln.
Flip: Salto.
Float: Langgezogener,
weiter Air.

Frontside: Allgemei-
ner Begriff für Fahr-
ten und Sprünge, bei
denen die Zehen-
spitzenkante belastet
bzw. über sie abge-
sprungen wird.
Frontside Wall: Wand
in der Halfpipe, die
auf der Frontsidekan-
te angefahren wird.

GFK: Glasfaserver-
stärkter Kunststoff,
wird als Bauteil
(Druck-, Zuggurt) im
Board verwendet.

Goofy: Bindungsposi-
tion, bei der der rech-
te Fuß in der vorde-
ren Bindung steht.

Grab: Greifen des
Boards beim Sprung.

Halfpipe: Halbe
Röhre mit zwei
Rundungen, so daß
ein Hin- und Her-
fahren möglich ist.
Handplant: Trick-
gruppe in der Half-
pipe, bei der eine
Hand an die Coping
greift.
Hang Up: Hängen-
bleiben mit dem
Board an der Coping.

Hardboot: Stiefel für
die Plattenbindung.
Hard Core: Der harte
Kern der Snow-
boarder, der bei jedem
Wetter auf dem Board
steht.
Heel Edge: Backside-
kante.
Heel Pad: Wadenpol-
ster in einer Schalen-
bindung.
High Back: Schalen-
bindung.

High Top Bindings:
Schalenbindungen, die
durch eine zusätzliche
Topschnalle alpintaug-
lich sind.
Hiking: Zu Fuß auf-
steigen, Hochtour mit
dem Snowboard
machen.

I

Inserts: Gewindehülsen im Board, die zur Verschraubung der Bindung dienen.

Invert: Eigentlich ein von Bobby Valdes erfundener einarmiger Handstand in der Skaterhalfpipe. Beim Snowboarden Überbegriff für alle Tricks, bei denen der Kopf tiefer als das Board liegt.

ISA: International Snowboard Association.

J

Jam: Schnell und sicher fahren.

Judges: Wettkampfrichter in einem Contest.

Jumps: Sprünge.

K

Kante: Stahlkante am Snowboard.
Kick: Aufbiegung.

Kicker: Gute Stelle in der Halfpipe oder gute Schanze.

Kicktail: Aufgebogenes Heck.
Knee Pads: Knieschützer.

L

Leash: Fangriemen.

Lip: obere Kante einer Wächte, der Halfpipe oder einer Welle.

Local: Einheimischer.

M

Moguls: Buckel.

Montagewinkel: Winkel, in dem die Bindung zur Boardlängsachse steht.

N

Nose: Boardspitze.
Nose Kick: Maß der Schaufelaufbiegung.

O

Off the lip: Begriff aus dem Wellenreiten, bedeutet hier das Drehen auf einer Wächtenkante.

P

Plattform: Oberer verbreiteter Rand einer Halfpipe.
Plattenbindung: Snowboardbindung für Hardboot.

Powder: Tiefschnee.
Powder Session: Mit einer Gruppe im Tiefschnee fahren.
Pro Jump: Künstlich angelegter Sprung im Parallelslalom.

Push: Durch Tiefgehen dem Board Schwung geben, um die Halfpipewände hochzukommen.

Q

Quater Pipe: »Viertel Röhre«, halbe Halfpipe.

R

Rad: Radikal.
Ramp: Natürliche oder künstlich angelegte Schanze.
Regular: Bindungsposition, bei der der linke Fuß in der vorderen Bindung steht.

Revert: Nach Vollendung einer Drehung wird das Board zusätzlich um 180° gedreht und anschließend rückwärts gefahren.
Rip: Schnell und hart fahren.

Rocker: Aufbiegung des Snowboardhecks.
Roundtail: Runde Heckform.
Rounded Squaretail: Gerades Heck mit abgerundeten Ecken.

S

Sandwichbauweise: Die zur Snowboardherstellung hauptsächlich verwendeten drei Verfahren sind alle Sandwichbauweisen.
Schalenbindung: Bindung für Softboots.
Scoop: Schaufelaufbiegung.
Session: In der Gruppe Snowboard fahren.
Shred: Hart fahren.
Sidewalk: Plattform.

Slam: Unkontrollierter Sturz.
Slush: Sulzschnee.
Softbindung: Schalenbindung.
Spin: Drehung.
Speed: Geschwindigkeit.
Snurfer: Vorgänger des Snowboards.
Stall: In einem Liptrick möglichst lange verharren.
Stick: Board; oder auch einen schwierigen Trick landen.

Stiff Leg: Mit durch gestreckten Beinen fahren.
Style: Individueller Stil.
Swallow Tail: V-förmiger Einschnitt speziell bei Powderboards.

T

Tail: Heck.
Tailkick: Maß der Aufbiegung des Snowboardhecks.
Taillierung: Differenz zwischen schmalster und breitester Stelle eines Boards.
Track: Spur im Slalomkurs.

Transition: Runder Teil der Halfpipe, der das Flat mit dem Coping verbindet.
Tuck: Anhocken.
Turn: Kurve, Schwung.
Tweak: Verdrehen, Stilmittel zum Stylen der Sprünge.

Twist: Drehung um die Körperlängsachse.
Twisten: Verdrehen des Unterkörpers gegenüber dem Oberkörper.

V

Vert: Vertikaler Bereich einer Wall.

Vorspannung: Maß, um das ein Board in der Mitte bei ebener Fläche aufgebogen ist.

W

Wall: Halfpipewand.
Winddrift: Schneewehe.

Wristguard: Handgelenkschoner.

Literaturnachweis

Deutscher Alpenverein: Alpin-Lehrplan 9 Wetter – Lawinen, BLV Verlag

Dr. Klecker/F. Lork: Untersuchungen über Snowboardverletzungen, Lehrstuhl für Sporttraumatologie der Technischen Universität München.

König/Ettel: Freestyle Snowboard Book, Monster Verlag

König/Ettel: Halfpipe Snowboard Book, Monster Verlag

Lauterwasser E.: DSV-Umweltreihe Band 1, Stöppel Verlag

Messmer/Scheuer: Snowboard, Delius Klasing Verlag

Monster Backside Magazin Nr. 5 Sept. '91

Monster Backside Magazin Nr. 6 Nov. '91

Monster Backside Magazin Nr. 7 Dez. '91

Monster Backside Magazin Nr. 8 Jan. '92

Pröbstl U.: DSV-Umweltreihe Band 2, Stöppel Verlag

Snow: Surf Special 1/89

Snowboard: Surfen Special 2/90

Sternad D.: Richtig Stretching, BLV Verlag

Das Know-how für Ihren Sport

Hannes Neumann
Streetball Know-how
Der aktuelle Ratgeber zum Trendsport Nr. 1 –
von den Grundtechniken bis zum Turnier: alles
über das heiße Spiel auf nur einen Korb auf einem
10 x 10 Meter großen Spielfeld.

Robert van der Plas
Mountain-Bike Know-how
Praxisorientierter Ratgeber über Auswahl, Technik,
Wartung, Pflege und Einsatz des Mountain-Bike – mit
Reparaturanleitungen.

Jan Andrejtschitsch / Raimund Kallée /
Petra Schmidt
Skateboarding Know-how
Besser Skateboarden durch fundiertes Wissen über
Geschichte, Ausrüstung und Terrain sowie die
wichtigsten Techniken und Tricks der Disziplinen,
Streetstyle, Freestyle und Halfpipe.

Rudi Marquart / Hanno Thallmair
Tauch Know-how
Ausrüstung, Technik, Praxis
Planung, Vorbereitung und Durchführung von
Tauchgängen: physikalische Gesetzmäßigkeiten,
Geräte- und Ausrüstungstechnik, Sicherheit,
spezielle Anforderungen – z.B. beim Nachttauchen,
Wracktauchen, Eistauchen.

Martin Engelhardt
Triathlon Know-how
Praxisbuch mit fundierten Anleitungen für alle
Ausdauersportler: Techniktraining zur Effektivitäts-
verbesserung, Trainingsmethoden mit praktischen
Beispielen, Wettkämpfe für Anfänger, Veranstal-
tungen im In- und Ausland und vieles mehr.

Mehr
Sport-Erlebnis

Manfred Grosser/Helmut Müller
Power Stretch
Das neue Muskeltraining
Zur Steigerung der Leistungsfähigkeit und des Wohl-
befindens: leicht verständliche Erklärung der Grund-
lagen und Trainingsmethoden zur komplexen,
funktionellen Muskelausbildung.

Maxine Tobias/John Patrick Sullivan
Stretching
für Körper, Geist und Seele
In einzigartiger visueller Umsetzung: Übungen,
die den Körper in Form bringen, Streß abbauen,
entspannen, die Atmung verbessern und positiv
wirken auf Psyche und Lebensqualität.

Nancy Clark
Fit for Sports
Der Energie-Ratgeber für sportlich Aktive
Aktiver leben und im Sport erfolgreich sein durch
richtige Ernährung: Programme für die Trainings-
phasen und zur Gewichtskontrolle, 103 Rezepte für
Gesundheit und Fitneß.

Jürgen Kemmler
Richtig Skifahren
Ski-Kondition, Grundwissen Skitechnik, Skipraxis:
Grundschule, Technik Pistenfahren, Fahren im
Gelände, Tiefschneefahren, spezielle Fahrtips, kleine
Lawinenkunde, Skipflege, Pistenregeln und vieles
mehr.

Franz Wöllzenmüller
Richtig Skilanglaufen
Skiwandern; der fortgeschrittene Läufer: Ausrüstung,
Wachsen, Technik; Nordischer Tourenskilauf; Training
zur Verbesserung der Technik und zur Konditions-
steigerung.